滾滾黃河

毛忠武・著

建國百年　還原真相

親歷一甲子災禍浩劫校長的回憶錄

序

余故鄉位黃河之南，嵩嶽之陽：河南省臨汝縣。記得一九三八年五月下旬，我讀小學二年級時，一日放學返家途中，遇大批衣衫爛褸，由黃河決口地豫東逃亡之難民，狀極悲慘。災區孤兒，流浪許昌街頭，為基督教豫中信義會所收容，成立許昌慈幼院，過著飢餓痛苦的生活。一九四一年中原大旱，餓殍遍野。一九四三年，蝗蟲鋪天蓋地而來，田間禾苗盡失。一九四四年，日寇渡過黃河西侵，鐵蹄橫行，人民遭受蹂躪。一九四五年抗戰勝利，國共內戰又起，黃淮平原，淪為慘酷戰場。一九四七年隨校流亡，輾轉來台，目睹諸多人間悲劇，罄竹難書。爾後半生從事教育，亦有許多點滴往事。晚年退休來美，將黃河兒女，一生遭遇，以回憶方式敘記，故書名：滾滾黃河。敘述黃河兒女，所遭受之悲鳴，筆之於書，以為大時代之鑑正。

目次

第一章 滾滾黃河

黃河之水

黃河之水天上來，向東奔流不復回。它是中國百川之肓，滾滾濁流，數千年來，給中原大地，帶來巨大的災害。這一條喜怒無常的巨龍，龍頭是在青海巴顏喀拉山的北麓山角下，龍腰龍尾橫臥在西北沙漠之上及華北一望無垠的華北廣大黃土平原上，不斷的發出怒吼咆哮，翻滕滾轉。

尤其是每年逢農曆三、四月間，春回大地，雪融冰解。大塊與小塊的冰塊，如耀眼的水晶，順洪流而下，冰塊間互相激蕩，聲聞可達數十里。到了農曆的五、六月間的夏天的雨季來臨，河水高漲，洪流濤濤一片，濁水翻滾，高達十餘公尺。可怖的決堤，一旦發生，十餘公里以外，均可聽到天塌地陷的巨響，滾滾的濁流、沖淹沒的面積，可達四十餘個縣。

黃河一旦決口，是洶湧澎湃，浪高可達十餘公尺，如萬馬奔騰，排山倒海沖來，無辜的二岸人民，像灌了水的螞蟻，為洪流所灌滅吞噬，其悲慘情境，慘絕人寰。在中國自春秋戰國數千年來，曾發生大規模決口，達七次之多。尤以每每發生戰亂頻仍的時代，因戰亂關係，河堤失修，河堤潰決，吞噬眾多生命財產。

天作孽猶可為，但一九三八年，為堵日寇鐵騎，國軍駐豫部隊程潛部，為保存其勢力，不思浴血奮戰，竟在鄭州東四十里人為炸毀黃河堤以堵日軍西進，使黃河一瀉千里，使豫東至安徽四十餘縣，盡被滾滾濁流所淹沒，使千萬善良百姓，哀號遍野，俘屍滿地，其悲慘情境，慘絕人寰。此時余尚幼小，目睹災民慘況，事隔一甲子，歷歷在目，故特記述部份事實真象，公諸於世，以為後代子孫不忘前事之師，並兼述自一九三八年抗日戰爭，人民遭受日寇侵略蹂躪，以及一九四九年國共內戰，數百萬軍民，退守台島數十年，所遭受之心內鬱悶創傷，均係親身體歷，目睹實況，筆之於書，以供民眾參閱，但掛一漏萬，再所難免，尚望讀者鑒諒。

黃河歷次決口改道經過

黃河為百川之盲，四千多年來，帶給二岸人民極大的災難，尤其在遭逢戰亂時代裡，黃河河堤失修，因而決堤改道，機會更多，吞噬眾多的生命財產罄竹難書。

第一次決堤改道：是西曆紀元前六〇二年，當春秋戰國時代，它從河南省濬縣決口，洪流滔滔，流經滑縣東北，復經天津，注入渤海，使那些可憐遇難的同胞無數，遭到葬身黃河洪流中的惡運。

第二次決堤改道：是在西元十一年，即新莽篡位年間，它由河北濮縣決提，淹沒無數生命財產，向東流到山東高菀縣，注入渤海。

第三次決堤改道：是西元一〇四八年北宋時，是在河北濮陽縣東北的商湖決口，分為二支，北支會永濟渠流向天津，注入渤海，南支則注入淮河，流進黃海。

第四次決堤改道：是西元一一九四年，即南宋寧宗即位那年，由河南省陽武縣決堤氾濫，這次向東流到鄆城，鉅野之間，才分二支，北支流入大青河入渤海，南支則注入淮河，流進黃海。

第五次決堤改道：是西元一二七三年，即南宋將亡時，它由河南新鄉決口，仍分為二支，北支因元代劉大夏築大堤而堵之，於是黃河只得注入淮河，而流入黃海。

第六次決堤改道：是於西元一八五五年，即清朝中葉，太平天國作亂，到處興兵之際，黃河由開封縣東的銅瓦廂決口，由河北注入山東張秋，再注入大清河入渤海。

第七次改道：西元一九三八年，國民政府，在河南鄭州東四十里處，花園口人為炸毀堤防，由賈魯何流經豫東注入淮河，再由淮河注入洪澤湖流入黃海。

黃河二岸河堤巡狩隊

黃河上游，流經黃土高原，水流急速，沖刷夾帶大量泥沙，含在水質中，流經中下游，泥沙沉澱於河床之上，於是河床逐漸增高。二岸河堤，雖然歷朝歷代，不斷補強增高，但因泥沙沉澱速度也同時加快，致歷代有七次決口記錄，造成人民財產生命損失慘重。

二岸人民，為防範河堤突然潰決，民間壯年男子，自動組織，河堤巡狩隊，日夜不停派人輪流巡狩，如發現某段有潰堤現象或徵兆，即以鑼聲沿岸敲打，聲震遍野。沿岸民眾，聽到緊急鑼聲警報，明瞭河堤將發生危急情況，正在工作時會放下手中的工作，或正在睡夢中，也會緊急起來，都手中扛著沙袋土包，拼命趕到決口現場，奮力將裂口堵塞，以防決口擴大成災，人民如驚弓之鳥，以求生存。

二岸人民雖嚴加防範，但如遇戰亂兵災，河堤失修，仍會氾濫成災。在中國歷史上，仍有六次重大決口記錄，所以歷代執政者，無不以建固黃河堤防，作為施政重點。

黃河二岸河堤，經歷代的整修，為石灰石頭砌成堅固大堤，在在防範這條巨龍發威。在一九三八年六月，為堵日軍西侵，政府以命令暗中密密炸毀堤防，戕害民眾數千萬無故生靈，在中國歷史上，尚屬第一次。上萬民眾，如螞蟻被洪水捲走，實中國有史以來一大空前災難。執行決堤主政者，或決策人，實中華民之罪人。

李宗仁將軍

黃河決提前的時局

一九三七年十二月二十七日，山東省主席韓復榘，對日寇南攻濟南，未加抵抗，倉皇後撤。一九三八年四月，日軍挾其優勢裝備，南攻台兒庄。第五戰區司令長官李宗仁率其廣西子弟兵，在日軍猛撲下，奮勇爭先，前仆後繼，經四週的浴血激戰，終於擊潰氣焰囂張的進犯日寇，造成台兒庄大捷，殲滅日軍一萬六千餘人，贏取了大勝利，為南京大屠殺，雪了一箭之仇，為中華民族爭了一大口氣。

抗戰以來，中國軍隊的武器裝備，軍事訓練，均遠遜於日軍，因之：每每處於挨打局面。雖然中國部隊中，也有願以血肉之軀抵抗砲彈的勇士，但大部分人，其實有嚴重的「恐日症候群」，往往處於：「亡國是一種恥辱，以血肉之軀抵抗砲彈，難道真能換取最後勝利嗎？」的矛盾心境中。故大家都表面支持抗日，口口聲聲爭取最後勝利，其實每個人心裡最明白，對勝利毫無信心。也就是說：流別人的血抗戰，尚可搖旗吶喊，如果輪到了自己，便不免全身發抖了。

大戰台兒庄，原本處於風聲鶴唳的徐州，恢復了不少生氣，使原本打算遠離戰場，遷往後方的商店，重新開張營業，呈現了短暫繁榮現象，只維持了一個多月，國軍在台兒庄大捷後，為配合整體戰略，第五戰區司令長官李宗仁，決定將戰場內移，因此徐州會戰，成為一個慘烈的戰場。

徐州會戰，國軍雖然佈置了多達二十餘萬的兵力，但因日軍的三、九、十三師團，并關機械化部隊和龐大的戰機為開路先鋒，很快打破了國軍在南宿縣的防線，境況危急。

一九三八年五月十七日，日軍炮火已經迫近李宗仁的長官邸。傍晚時分，一發砲彈正落在長官邸內，將李宗仁的傳令兵炸得血肉橫飛。撐到五月十八日，李宗仁決定放棄徐州，於是日軍決定向西進攻河南省。

駐守河南的部隊，為第一戰區司令長官程潛，本可以所率其子弟兵四十餘萬，如能像台兒庄李宗仁的廣西部隊一樣，堅決抵抗日軍，與之殊死戰。但程潛鑒於日軍裝備訓練精良，又以機械化部隊作先鋒，怕自己嫡系部隊被打垮，為了保全勢力地位，竟然接受參謀長晏甫勛的建議，炸毀黃河堤防，用來阻擋日軍。於是乃以緊急電報，報請：蔣介石委員長請示。

黃河人為決堤經過

蔣介石委員長，收到電文批閱公文的速度特別緩慢，好像心神不寧，繞辦公室踱了幾圈，再回辦公桌，對一個飽經憂患，意志堅強果決的他，是一反常現象。

「劉副官，給我接布雷先生電話。」蔣開門命令劉副官，電話迅即接通。

「委員長，這麼晚了，打電話來，是不是有急事？」陳布雷已經睡了，迅從床上爬起來接電話。

「是的，請你速到辦公室一趟。」蔣語氣有些急迫。

陳布雷為名記者出身，飽讀詩書，文章寫的很好，素有蔣之文胆雅號。蔣對陳布雷非常信任，故有重大問題，經常徵詢陳布雷之意見之後，才做最後決定。

「布雷先生，華北戰局非常不樂觀，豫東日軍集中兵力向豫西進犯。一戰區司令官程潛電稱：參謀長晏勛甫建議，決黃河堤，用水來淹日軍，阻敵西進。（程潛湖南人，晏勛甫亦非河南籍，為保存勢力出此下策。）但是，一旦決堤，洪水將無法控制，洪水將帶給百姓災難……」蔣語帶哽咽，話說不下去了。

陳布雷低頭，面色凝重，久久未發一語，蔣亦低頭陷入沉思。幾分鐘後，陳布雷開口了：「報告委員長，荷蘭也曾決堤淹法軍，保衛家園。在中國歷史上以水攻敵的例子也有，目前黃淮平原，最利日軍機械化部隊進行作戰，當前情勢，只有決堤阻日軍。」（陳為記者，文筆流暢，但非水利專家及歷史學者，中國歷史上，那有決黃河堤攻敵例子，蔣亦讀書不多，無疑問道於盲，害盡天下蒼生）

「先生之言，非常有見地，那就這樣決定吧！」略停片刻蔣說：「通知程潛長官，決堤要保密（更加錯上加錯，百姓毫無所悉，傷亡更大）。時候不早了，先生回去休息吧！」

五月底的中原，雖然春花燦爛，黃河堤上，程潛參謀長晏勛甫（狗頭軍師，始作俑者）同黃河水利委員會河南修防處主任陳慰儒一起漫步，五十步外，跟隨二名侍衛。

晏首先開口：「聽說你昨天頂撞了程長官。」晏在河南多年，深知陳慰儒的倔脾氣。

「參謀長，是程長官叫你來做說客的。」陳主任毫不客氣的說著河南口音。

「不是，不是，咱們談的公事。」

「這麼說，我聽不進去，我站在河南人的立場，為河南千萬善良人民，堅決反對黃河決堤，別用蔣介石委員長命令來壓我，六、七月份，大雨多隨時會發大水，決堤容易，護堤難啊！大水一沖無法控制。一九三三年、一九三五年河南黃河多處決堤，氾區遍及豫、魯、皖、蘇各省，大水所到之處房屋，牲畜，田園盡沒洪流，災民死於洪水，飢餓，病疫不可數計，浮屍遍野，慘不忍睹。我的工作是修堤護堤保護人民，今天叫我來決堤，老長官啊！黃河二岸人民百姓都是我的鄉親，幾千年來，他們世代自動編組，青壯年都自動參加修堤護堤工作，我能發動他們決堤嗎？」陳主任愈說愈激動，氣的嗓門更大，近乎大吼大叫質問晏勳甫。

他又繼續大哭著說：「我是小人物，沒有力量反對決堤，我不反對，又愧對河南鄉親，決堤後我寧願淹死洪水中，也不撤退。」陳主任突然坐地大哭。

晏勳甫無奈地說：「決堤的事，由兵工營去做。」五天後，兵工開始「時日曷喪，吾與汝偕亡。」泯滅人性，傷天害理決堤行動。

在程潛晏勳甫策動下（狼狽為奸），六月四日下令新八師工兵營在趙口開挖，但是趙口河堤非常堅固，係磚石堆積多年而成，二岸居民稱之謂「金堤」。河堤內側過於陡斜，士兵難以立足，挖掘困難而作罷。六日上午，蔣在珍師長到花園口視察，勘定為決堤最佳地點。六月九日新八師兵工營，用黃色炸藥，爆破河堤，蔣師長（劊子手）並派炮兵轟擊決口河堤，河堤崩塌，洪峰高達數十層樓高，一潰千里，再加連日大雨，河水洪流洶洶，一發不可收拾。

日軍聞訊，於六月十二日洪流至中牟縣境，日軍十四師團及十六師團，緊急撤離，日軍從第五第十，第一百十師團抽派工兵及架橋材料配合十六師團，十六日又調來第二聯隊及渡河材料協助十四師團脫困。六月十五日，洪峰衝至尉氏時，日軍又動用大批工兵，協助十兵團脫困。六月十七日，日本空軍又投六十餘噸食物，衛生器材，七月七日左右，日軍安全無損的脫離氾濫地區（蔣介石、陳布雷、程潛、晏勛甫一群人計劃，完全失敗）。可憐是一群豫東善良無辜百姓，既無得到任何決堤訊息（蔣命令保密），禍從天降，在滾滾洪流中，自生自滅。

滾滾黃河洪流，淹沒河南安徽江蘇六十餘縣（滾滾洪流，剛決口時水勢洶猛，河南居民來不及躲避，但流到安徽，江蘇時水流已流散平原水淺及腰，人民已來及逃避，故河南人死亡最多最慘），多數災民，四處漂泊，自生自滅。

黃河氾濫區到底有多大，從一萬多平方公里到五萬多平方公里，傳言不一，氾區到底死了多少人，傳言已達九十餘萬。（程潛為了保存一己之私，軍隊勢力，犧牲這麼多老百姓生命，可惜國共內戰一九四九，在湖南省主席任內，夥同陳明仁率部投共，一槍也未發，實歷史上罪人）

因災區過大，許多鄉鎮百姓，猝不及防，滾滾洪流，所到之處，田園盧舍盡付流水，洪流滔滔，爭相奪命徒手奔逃，水深處災民來不及逃亡，攀上屋頂，樹梢逃命，或抱浮木，順水漂流，即僥倖能逃出者，九死一生，身無長物。大水後飢荒接踵而至，災民食糠，高梁桿，觀音土充飢，接連瘟疫流行。

魏汝霜回憶錄：當時陳布雷、程潛、晏勛甫諸君，顯然只顧自己保存勢力地位，沒有顧慮到洪水過後的飢荒瘟疫流行，直接死於大水的，甚至有九十萬人。

黃氾區歷時九年，數百萬豫省同胞，處於水深火熱之中，受盡痛苦煎熬，故猶憶當時見一老人，向南叩頭默禱上蒼，痛哭流涕，家破人亡，妻離子散，此種慘景，見之令人鼻酸落淚，是日寇、程潛，晏勛甫，陳布雷，無語無蒼天啊！

黃河之水天上來，奔流四海不復還。數千年來，黃河之水滋潤中原大地，發怒時給人民帶來災難，數千年來兩岸百姓勤苦的築堤、護堤、守堤，不讓它發怒，只有這一次，晏勛甫建議、程潛為保存自己勢力，敢冒天意，陷百性於大難，與侵略者共赴滾滾洪流。

黃河決口　災民逃亡

黃河氾濫

黃河決口目睹記

民國二十七年（一九三八年）六月十九日，山東省教育廳演劇隊副隊長周仲龍親眼目睹說：黃河決口了，日軍陷在泥沼之中，行動遲緩了，可是滾滾黃流，並沒有張眼睛，在將日軍陷於泥沼的同時，它也無情水地吞沒黃淮平原上每一個城鎮，濁黃的滾滾黃流所到之處，舉目皆是殘破的傢俱，翻肚的牲畜和逃避不及的浮屍。部份比較認命的災民，大家本著「留著青山在，不怕沒柴燒」的念頭，放棄一切，只將自己繫綁在一根木頭上，隨波逐流。

我們演劇隊黃河決口時，正在鄭州附近，黃河決堤後，滾滾洪水，很快地便追上我們後面了。由於它的速度太快，我們只得一路逃跑，一路丟行李，最後遺棄的是那台，必須二個人才搬得動的收音機，接著，我們把被褥冬衣也丟棄，最後我們甚自把除了穿在身上的唯一衣服和部分經費外的東西，也全部放棄了。

逃奔的女隊員張碧芳（一九一八年六月十五日出生，北平人　日後在重慶為名演員，並嫁給劇作家曹禺）她踢到了一塊路旁的大石頭，血流如注，疼痛不已，我仔細跑去一瞧，那塊石頭，覺得幾分熟悉，許久才想起，那原來是「貞節牌芳」的頂梢，大概是黃河決堤時，被大量泥沙埋入地下，只裸出一小部份，此時，我才想到「滾滾黃河，氾濫的可怕」。

黃河決口，政府對災民沒有事前預警，事後又沒妥善安排，任使亂竄，自生自滅，男女老幼匯成一股洶湧人流，擠滿道路，災民所到之處，食物馬上一空，入夜無衣無食，露宿馬路上與街頭廟宇內，夾雜著老弱痛苦的呻吟啼飢號慘的悲聲，沿途到處是倒斃的腫脹屍體，不由得使人墜入悲痛驚恐之中。

災民八里廟避難者的心聲

一九三八年六月下旬，我當時正就讀國民小學二年級，一日放學回家，突然瞧到一群，身著污泥沾滿了破爛衣服的男女，向著村庄走過來。

村上的老百姓，看到了這群不速之客，迅速的返回家中，把大門關上。但也有未來得及關門的，被災民闖入家中，只要見到可吃的東西，抓到手中就吃，連棗樹上尚未成熟的青棗，也用手搖落地面，災民撿起來就啃著吃，一幅悲慘的景象，使人看了心酸。

一陣騷動之後，由大人們口中得知，原來是黃河決口，從九死一生，冒著洪水危險，從豫東扶溝縣逃出的一批災民。

當決口洪流，滔滔翻滾衝來時，豫東偃陵扶溝縣的百姓在睡夢中，洪水突來，像一群灌了水的螞蟻一般，屍橫遍野。

僥倖的未被洪水吞噬逃出，也是甚麼東西都無帶出，爬在樹上，屋頂上逃生。或抱浮木隨水漂流、妻死子散，乃歷史上空前的大悲劇。

第二天以早到學校上學（抗日時均利用破廟作學上課教室），八里廟中也蟄伏著衣不蔽體的災民，對未卜生死的親人下落，每雙眼睛都充滿了焦慮與惶惑，無衣無食，半坐半臥在廟中每個角落。

他她們躺在廟中的地上，訴說著滿腹委屈，逃亡經過、點點血淚，滴滴心酸，委屈訴述著心聲，從他們口中續記錄如下：

（一）李姓老人，正好當天到許昌訪友，當他第二天，返回時，家變成一片汪洋。老伴、兒女、孫子都已不知去向。他跪在洪流邊，放聲大哭，哀號，呼天喚地，聲聲慟人心弦。

天啊！昨天離家時，孫子拉著我的手：「爺爺早點回來」老妻代他整理衣襟，年輕兒子在田間工作，媳婦也在做家事，就隔這一夜之間，一切化為烏有。是鐵石心腸的人，也難以忍受，口中念著：「天啊！為何對我這樣慘忍啊！」

（二）旁邊躺一名中年男子，不停的掉著眼淚，斷續的述說他的傷心史：她叫張文栓，家住扶溝縣張庒，他是一個小康的家庭，白鬆蒼蒼的雙親，農村出身的妻子，二男一女，小兒尚在襁褓之中，六月十七日，在睡夢中，忽聽發大水的聲音，急忙手拉太太往門外衝，水流及胸，已來不及叫醒全家。（均已沉溺在水中），憑著年輕體力，逃出滾滾洪流，身無分文，逃到臨汝，也臥在這破廟之中。

談及拼命逃出，現在已一無所有，以後如何活下去，一陣茫然。

（三）在大雄寶殿，坐躺在牆角下的李茂春，不停的無力的嘴中，吐露出，六月十七日，正值初夏，烈日當空，白天在田間辛勤耕田除草，累的晚上一躺上床就呼呼大睡。十七日早上，滾滾流水，突然衝來，他來不及穿褲子，及叫醒家人，迅速以他年輕的敏捷體力，爬到院中千年大槐樹枝上，他盡所有力量，緊抓抱樹幹不放，看著妻子兒女，被滾滾洪流沖的無影無蹤。

洪峰過後，水也緩慢了，我由大槐樹上下來，水深及腰，拉著家中一塊木板，奮勇向前浮水伐出，隻身逃到豫西臨汝縣北八里破廟內。

談及生離死別的一剎那，他禁不住，淚流滿面，在流浪苦難的歲月裡，天涯海角，何處容身。天啊！孰令、致之、主使決黃河堤的人，應為慘死的無數人良心愧疚啊！

（四）在大殿的神座旁，臥座著一中年男子，他苦訴著心中的悲傷，他本在鎮上開一雜貨店，辛苦經營，生活還算安康。

因前天打烊太晚，當他全家都入睡，他才熄燈上床，剛合上眼，忽聽排山倒海的滾滾洪流，沖入店內，剎時水流陡急，他已來不及叫醒小孩，洪水已灌到屋簷下，他迅拉著尚未睡醒的太太，爬上屋頂，大喊「救命」當洪流稍緩，爬下屋頂，但全家老小，已無生還。

於是緊抱太太，拉著院內洗澡木盆，浮出災區，逃亡豫西，對以後的生活，仰天長歎，夫妻相對而泣。

（五）靠廟左側有側殿一座，靠側殿右面，躺著一對五十餘歲的中年人夫婦因常在田間耕田，風吹日曬，皮膚褐色，狀極健康。六月十七日一早，正準備下田耕作，他剛扛鋤頭出門，滾滾洪流，洶湧鋪天蓋地而至身邊：「黃河決堤了」，他一面跑，一面大聲吼叫，他拉著太太，跨在一個木桶中，奮勇伐水，幾次猛浪，幾乎打翻他雙手緊握抓的木桶，衝出滔滔洪流，亦隨災民而逃，到臨汝縣城北八里的八里廟中，已幾天沒吃東西了，餓的躺在廟內打盹睡著了。

（六）六月十七日，正在扶溝縣讀小學才八歲的賀少清，在睡夢中，被震耳欲聾的滾滾洪水聲所驚醒。海水排山倒海沖進屋中，其父賀鑫與他同床，已不來不及顧到其他家人，在水淹到胸部泥漿中用雙手將他舉在肩上，在洪水中掙紮往前逃走，但洪水一波一波滾滾而來，父親摔落在水渦中。同逃的鄰居，王伯伯，使力的拉住他的衣袖，把他拉出洪流，不知跑了多久，他流浪許昌南大街乞食，夜幕低垂，就和衣而臥。政府正忙於抗日，也無力顧及災區孤兒，後來基督教豫中信義會，將這群孤兒收養，安排在許昌西關北面，南洋兄弟烟草公司（因中日戰而停工）空著的廠房中，成立「許昌慈幼院」。由郟縣籍郭中愍主持，郭抱著悲天憫人的心情，救濟孤兒，撫揖流亡，雖教會無經濟來源，一天二餐高粱連穀煮的稀餘（吃也是半飽），過著人間煉獄不如的生活。

一九四一年（民國三十年）中原大旱災

一九三八年六月十七日黃河決口，豫東扶溝偃陵一帶災民，麕集在我們學校上課破廟中，（臨汝城北八里廟），學校上課臨時就擠在廟中的一角上課。

一九三九年到一九四〇年，抗日戰爭在激烈中進行，拉壯丁、要官車（徵用民間牛車軍需運送物質），苛捐雜稅，老百姓無法度日。

一九四一年，春天到秋天，上天滴雨未落，田間禾苗全部被旱乾枯而死。中原大地，赤野千里，餓殍遍野，連樹皮都剝下吃光，入秋老禿的白色樹幹，在秋風中搖曳，更顯出大地肅殺氣氛。老百姓無法度日下，餓死溝豁，也有的舉家逃難他鄉，村上十室九空，八里廟小學也全部停課。

此時：祖父毛羨周任省立信陽高級師範的學生楊保東出長河南省第五區行政督察專員，駐節許昌。（祖父民國五年北京大學畢業，曾任河南省立信陽高師校長，民國十五年積勞病逝）。在民國三十年（一九四一），巡視地方（臨汝縣為其管轄區），十月初旬蒞臨汝縣巡察，順便到恩師家拜謁師母（我的祖母），正好家父失業在家，他乃邀家父到許昌專員公署任職員。於是家父攜我們全家老小，前往依靠。（祖母留在家中看守家園）

斷命的家書

民國二十八年（一九三九），對日抗戰，豫西汝州地方，村村遍駐有國軍，當時的九十四師通信連，正住在我們的村上，連長姓劉，個子高瘦，性格暴戾，平時很少與村民打交道，孤立獨行，目中無人。

我當時讀國民小學三年級，一日下午，正背著書包放學回家，走在村前，突然看到門前做針線活的奶奶們，放下手中的針線活，向村北邊的田間跑去，原來她們意識到駐軍連長發威，又要槍斃人了。

遠遠看到一年約二十歲的青年軍人，淚流滿面，邊走邊哭。在他的後面，跟著幾個扛槍的兵，因那時正值對日抗戰，拉壯丁，要拉官車，苛捐雜稅，民不聊生。而村上民宅又住滿被強拉來的兵，都是被強徵拉來的壯丁，生活條件極差，開小差的風氣，非常嚴重。那個性兇暴的劉姓連長，也拿不出好的方法，就以開小差被抓回，即遭槍斃的命運，故駐軍常常有槍決逃兵的現象。

在剎那間，幾位老太婆目睹此緊急情形，於是放下手中的針線活，拚命的向扛著槍的士兵們奔去，想跪地泣求連長放下屠槍，搶救可憐壯丁一命。

當這數位老太婆快跑至這幾位軍人的旁邊時，說時遲、那時快，那劉姓連長，竟把步槍由士兵手中，奪在自己手中（因他怕老太太們為救人去奪士兵的槍），對準那滿面淚容兵就開了一槍，槍聲響起，打在那逃兵的胸上，未中要害，倒地後痛苦的用頭撞著農田上，像犁一樣，向前攻著農田五公尺左右，殘暴的劉姓連長上前又向頭部補了一槍，腦漿併出，濺滿田上。這幾位老太太，嚇的呆坐地上。就這樣那滿含淚光，就如此喪命九泉了。

此慘絕人寰的殺人一幕，在我幼小的心靈中，刻下了極深悲慘印象，一連數天，晚上嚇的都不敢入睡。

以後，聽大人們說：「該兵家中寄來一封家書，他的父母盼望其子返家娶妻。這封信不幸落入班長手中，班長就把這封信送交給劉姓連長，這無人性的連長，就認定他有逃亡可能，就不問青紅皂白，拉出去槍斃了，草菅人命，以致於此。

當天晚上，烏雲密佈，一陣大雷雨，沖走了這受難兵的鮮血，但沖不走，永留人心上的陰影，天長地久，這冤魂永遠不散。

中條山

「中條山，高又高，飛機轟不動，大砲打不倒。」這壯烈的歌聲，響徹雲霄。我們八里廟國民學校的小學生們，排列著隊伍，站在軍隊上前方的路上，高唱著軍歌，歡送九十四師上太行山上戰場，保衛中條山。

師長正在汝州北七里的大王庄廣場，臨時搭建的司令台向全師的部隊訓話，我們小朋友也高唱抗日歌曲，以壯聲勢。師長一聲令下，部隊隨即出發，向黃河北進發。就在此時，從村上的南面傳出了駭人的悲劇。

駐軍某一團某一連，一士兵正準備脫逃，被該連長抓回。因前面師長正在集合隊伍訓話，不敢用槍槍決，怕槍彈聲響，震驚熱烈歡送的氣氛。於是某連長，就把這一逃兵，拉到大王庄村南邊的桃園中，用石頭活活砸死，埋在桃園中。

當部隊開跋，村上老太太們聽說這駭人的消息後，迅速跑到埋屍的地方，用雙手去把挖。當把挖出屍體，已是肉血模糊，人已死亡。老太太們帶著滿臉無奈的眼淚，帶著沾滿鮮血的雙手，無奈的各自回家。

稍後數日，聽說九十四師開到黃河北山西中條山去打仗，當渡過黃河，一遇日軍，就潰不成軍，中條山被敵寇攻陷，中條的歌也再不唱了。

這件慘案，是發生在一九四〇年六月中旬。日軍攻佔中條山的前一週。

第二章

流浪許昌街頭

許昌慈幼院

一九四一年雙十節（民國三十年），許昌各中小學在許昌城東南塔彎大操場，舉行慶祝雙十國慶大閱兵，學生們以整齊的步伐通過司令台。但表現最優最突出者為，「許昌慈幼院。」每個學生持童軍棍，排面整齊，步伐劃一，引起許昌各界一陣熱烈掌聲，譽為表現最佳學校。

閱兵後，又開放校園供各界參觀，亦是：「許昌慈幼院表現最優。」小朋友內務整理的井然排列床上，被子疊的像豆腐塊似的，整齊美觀，各界評為最優秀學校。

父親參觀後，決定要把獨子送入該院就讀。但該院教育宗旨：是收容黃河氾濫區（黃河決口，淹沒豫東地區扶溝縣偃陵縣二縣災民失去父母的無依孤兒）。失依孤兒，因我不具備此項資格而遭拒，但家父仍不死亡，親自去找楊專員保東，舉函推荐，院方無奈，只有破格錄取，進入該院就讀。

許昌慈幼院設在許昌城西關北邊，原為華僑投資的南洋烟草公司。因抗日戰爭爆發而停工，數棟空大的廠房中，一棟作學生宿舍，一棟作教室，一棟作餐廳。院方採軍事管理制，除院長郭中愍院務主任外，設一名總教官，姓賈的中年退役軍人（軍閥）擔任，學生不分年級（由六年級到一年級）綜合編為十個中隊，隊長由高年級個子較大的擔任，每隊又設教官一人，由一男姓教官擔任（由男老師兼任），管理由上而下，新生如同新兵一樣，處處都受高年級的隊長打罵。

我被編入第五隊，隊長趙聚法（河南郟縣人），仗著他是隊長，個子大，隨便欺壓打罵新進小同學，經常聽到小的同學被他打的哀號，暴行曾出不窮，有的小同學低年級個子小，被打不敢吭聲，晚上藏在被窩中蒙著頭哭泣，如一群羔羊，任人宰割，何敢反抗（也無力反抗）。

本隊教官是教三年級的高峩巍老師擔任（只是基督教信義會培德中學初中畢業），二十多歲，行為粗暴，也未受過教育專業訓練，如有同學受欺壓向他報告，他又是賞一耳光，打在學童臉上，頭一陣發暈，可見用力之重。

我記得入冬天寒，下著大雪，媽媽親手做的棉褲，送到院中，也被隊長趙聚法搶去穿了，如敢反抗，仗著以大欺小，慘遭毒打。

而我進入該院，又不是黃氾區難童，是靠許昌專員楊保東推荐，一開始就受同學們排斥妬忌，認為是一條肥羊，都打不良念頭。

院方無經濟來源，靠著院長郭中愍以悲天憫人的方式，向社會各界慈善人士募捐，但大部分是依基督教豫中信義會補助款項供膳食。但河南連年發生兵禍黃河氾濫旱災，民不聊生，何能取得捐款。經費不足，院童在饑餓線上過活，一日二餐稀飯，由高粱連皮磨碎，煮成一大鍋稀飯，一隊分一小桶，每一院童一餐一碗，還要食前站立禱告：「我們在天上的父，今日賜給我們飲食……阿們。」方可坐在每人發給一小板凳上食用（上課吃飯都帶著小板凳），此時已飢腸轆轆，吃完也是半飽狀態，難童天天受著飢餓煎熬。

慈母愛子心切，看到兒子在許昌慈幼院吃不飽，在家中蒸的饅頭，每隔三天，送到院中，供我食用。特別買了一隻皮箱，託放在教官高峩巍的房間內，但我去取吃時，眨眼間就被其他同學偷吃淨光，我仍是天天挨餓挨打。送的棉褲被高年級當隊長的楊聚法搶走，看到高峩巍教官兇暴，也只有有淚向肚裏流，嚇的也不敢向他報告。

久了，媽媽無法，每星期放點錢在搖鈴工友楊道成伯伯處，我每次下課後，跑去向他拿，跑到食堂邊的合作社買個饅頭充飢。

我被編入四年級乙班，教我們的老師是徐翠萍老師，每天板著後娘臉，面無表情寡恩，雖是基督徒，滿口是「神愛世人。」但對一群無父無母的災區孤兒，一點愛心都沒有，講課隨便教一遍，災童會與不會，漠不關心。

上體育課，就是那軍閥般，鐵板面孔，總教官練踢正步走，累得正在發育中小朋友，雙腿痛酸，如踢不好，又是頓毒打。一群可憐的災區孤兒，在饑餓中打罵中恐懼中度著艱苦難耐的童年，失去了天真活潑。

因為生活艱苦，衛生條件差，又缺少衛浴，每個學童全身都長滿了疥瘡，互相感染。有的同學癢的整夜在床上反來覆去抓癢，無法入睡，偌的廠房宿舍，活像人間煉獄。

但「神愛世人」，每天飯前睡前，都要向耶穌禱告，聽老師述說：耶穌愛人的故事，難童在暗中流淚，這也是基督徒無人性最大的諷刺。

一九四一年（民國三十年）雙十節，許昌慈幼院學童踢的正步，整齊劃一，這都是災童在苦難中嚴酷下所得的苦果，這一踢正步雖給家父深刻良好的印象，但也給他的獨子，踢進了火坑，受盡了人間折磨煎熬。雖然慈母曾向家父訴說，但在那時代，男人專制下，父親仍剛愎意見，許昌慈幼院辦的最佳的偏見。

許昌慈幼院的聖誕夜

「安靜夜，聖誕夜，人的父，在房舍，只有耶蘇和瑪利亞，誕生在牛棚馬槽底下，擔負天下降生，擔負天下降生。」「靜靜天高聲唱，榮耀歸於新來王。」在一九四三年的聖誕夜，許昌慈幼院黃氾區的難童們，組成聖誕夜兒童報佳音隊，冒著呼呼的朔風，踏著皚皚的雪地上，在許昌西關的許昌豫中信義會教友住宅區巷道上，高聲唱著聖歌，每到一外籍教友家門前，他們會開門拿出一包包的餅乾和糖菓，放在這苦難孩子們手中，口中說出：「祝福你們聖誕快樂。」一直到天亮，每個難童手中，收到包包糖菓餅乾。他們盼望著這一天的來臨，「快到聖誕節了」他們用手數著指頭，因為天天吃不飽，穿不暖的難童，平日飢腸轆轆，等到這一天，總可收到豐厚的餅乾糖果啊。

在聖誕夜年前幾天，他們就忙著紮好燈籠，準備聖誕夜報佳音提著用。聖誕夜前晚，他們興奮的難以入眠，天尚未亮，即被女生部報佳音同學所吵醒，迅速穿著單薄的衣服，冒著朔風，娥毛雪花，踏著皚皚白雪的巷道，走向教友集中區，高唱聖歌，換些果腹糖菓餅乾充飢。在他們幼小心靈中，這是滾滾洪水，沖垮家園，唯一上帝給的慰藉。

「主啊！為甚麼對黃河決堤，沖垮家園，父母失散的難童們，這麼不公平啊！」

不堪回首許昌慈幼院

在中原——河南省許昌市，西城門外，有一大片土地上，豎立著高大的煙囪，這就是聞名中外的「南洋兄弟烟草公司」，當地人俗稱為「西司」。其產品香菸，譽滿中外。

民國廿六年，「七七」對日抗戰爆發，鐵路中斷，工廠停工。此時，為阻止日寇的南攻西進，在河南省鄭州市東四十里處，國民政府最高當局，在神不知鬼不覺的情況下，暗中將黃河決口。

這固然使日寇侵略氣燄，得到阻止，大批人員和裝備陷入泥淖之中，但可憐無辜的中華兒女，也在毫無預警的情況下，突然禍從天降，來不及逃脫，家產牲畜，都被洪水捲走，損失殆盡。

即使僥倖逃脫的難民，免於一死，也是妻離子散，悲慘異常，當時許昌街頭，失散孤兒甚多，有豫中基督教信意會，利用「南洋兄弟烟草公司」停工之空曠廠房，收容許多失散兒童，成立「許昌慈幼院」，由郭中愍先生擔任院長。

郭院長，河南省郟縣人，以悲天憫人之胸懷，收容孤兒，救濟流亡，他為人精明幹練，操守廉潔。

所收容之孤兒，採軍事管理方法，按學生之大小，編成中隊，一隊三十餘人，由年齡較大的當隊長，每隊設一教官，教官由老師兼任，管理輔導學生之衣、食、住、行（當時的老師均係豫中基督教信義會附設之培德中學畢業生充任，未受教育專業訓練）。

因為採軍事管理，因而虐待打罵院童之事，層出不窮，甚至有年齡較大的院童擔任隊長，以大欺小，黑幕重重。這一群孤兒們，在求天不應、呼地不靈下，受盡苦難、煎熬、委曲、折磨。

院中無經濟來源，全靠基督教信義會的一些補助款，每日兩餐稀飯，係高粱連殼帶皮磨碎，煮成稀飯，一餐每隊去領一桶，一個院童，分配一大碗，吃了也是半飽。每天除了上課外，採軍事訓練，踢正步，因老師均非學教育科系畢業，談不上絲毫愛的教育。這一群孩子，在黑暗中飲泣，好似人間煉獄。

但也因採軍事訓練，小朋友踢的正步，有板有眼，整齊劃一。所以在民國卅二年秋，十月十日雙十國慶時，許昌各界在許昌城南塔彎大運動場舉行慶祝大會，內中規定由各級學校舉行大閱兵，各級學校學生童子軍，以踢正步方式進行，通過司令台。

當許昌慈幼院院童，以整齊步伐通過司令台，贏得在場參觀者如雷掌聲，且持久不衰。這掌聲中，含有多少孤兒們的痛苦辛酸與交織血淚。

民國卅二年，我也在該院就讀小學四年級，天天處在飢寒交迫中。敵機不時來轟炸，餓著肚子，由老師帶著跑到附近田野間上課，過著非人的生活。

世隔六十餘年，每憶起幼年在許昌慈幼院之生活，使人不寒而慄。戰爭啊！戰爭啊！多少兒童受摧殘，戰爭帶來的慘禍，永刻在人們的心中。

百姓餓死慘狀罄竹難書

一九四二年冬天，在許昌慈幼院飢寒交迫中，從外傳言，更是駭人聽聞：天寒地凍，人民缺少糧食，許昌城西北五里，五郎廟後面村庄上，一家五口老小，凍餓死光光，家中老爺爺，被凍餓死在糞坑邊，凍僵的屍體，仍爬在地上，死狀至慘。

由許昌城出雙石碑橋，往禹縣的公路上到五郎廟段，看著骨瘦如柴的飢民，倒在馬路邊就斷氣了。有婦女帶著小孩，飢餓的面如土色，如經過的路人，賜給小孩半個饅頭，他母親會跪在地上，給你叩個頭。也有十五、六歲的女孩，如你給他一個饅頭，他母親會說：「你把她帶走吧！總比留在家中餓死來的好。」馬路二邊，餓死的人遍野，天氣寒冷，屍體被凍不腐爛，但也無人收屍埋葬，真是路死路葬，溝死溝埋。

許昌城北關，小孩子跑出玩去常失蹤，失蹤兒童的父母，心存疑惑，有人看到小孩子跑到一個老太婆房中，一去就不見出來了。於是失蹤小孩的父母，趕到老太婆屋中尋找，從老太婆睡的床下，突發現四個失蹤小孩的人頭，原來跑到老太婆玩的小孩，都被飢餓的老太婆殺掉煮吃掉了。這駭人的新聞，曾見於當地新聞，因為老太婆實在飢餓的沒辦法啊！

一九四一年冬（民國三十年），氣候嚴寒，許昌城西關一女孩，約十歲左右，躺在地上打滾哭叫。原來她家貧寒，吃了粗糠煮的窩窩頭（小米輾後剩下的粗殼），大便乾澀粗糙解不出來，她的媽媽用筷子，從她的肛門內掏大便，女孩痛的哭叫。

一九四一年（民國三十年）十二月，有路過軍官從西關雙十碑經過，在碑前休息吃花生，剩下的花生殼掉在地上，一群男女飢民，爭搶著撿拾，放在嘴中吃。

一九四二年農曆四月下旬，麥子正在出穗快未成熟時飢民用乾癟的手，拏下未成熟的麥穗，揉在手中，放在嘴中充飢。許昌城五郎廟附近，飢民因往肚子內塞的太飽，喝了點水，脹死在田埂間。

一九四二年（民國三十一年），許昌五郎廟村一王姓伯伯，其在逃荒中，其太太兒子飢死途中，當他一個人返家獨居，每逢深夜，嗚嗚的哭聲，驚醒鄰居，真人間的悲劇。

民國三十年大旱　餓死飢民慘局，罄竹難書。

蝗災

民國三十二年（一九四三）夏，一日正逢星期天，我們同學數人，結伴跑到許昌城西關北面的田野間郊遊，突然遠遠的天空中一片烏雲，由遠而近飄來，連烈烈的太陽，都遮住了。（據說，黃氾區水淹荒涼叢草中，蝗蟲幼蟲成群成長所成）

說時遲，那時快，烏雲突然落下，而不是雨，竟落下萬萬隻蝗蟲，掉落在田禾間。只聽「喳喳喳」的蝗中吃禾苗的聲音，在幾分鐘不到的時間，田間禾苗被吃的靜光。

此時，田間的農夫農婦們，急忙從家中拿出鑼，甚至做飯的鐵鍋，拚命的敲打，還有人把家中的紅被單，紅衣衫，綁在竹桿上，搖旗呼喊，我們數位同學，也脫掉上身衣衫，加入農民的隊伍中，一齊呼叫抗蝗，但蝗蟲無動於衷，照常一塊塊田間禾苗，消失在大地上。

農民們眼看一年寄望生存的禾苗，消失在大地上，急的坐在地上嚎啕大哭哀號，聲震全野。這就是民國三十二年（一九四三）中原大地，有史以來，最大的蝗災。在無奈的情景下，我們數位同學，也帶著疲困的身心，返回許昌慈幼院。

事後聽人說：是黃河氾濫區，蝗卵漫生，而產生成群蝗蟲，因蝗蟲像手指一樣大，均為黃色，也有傳言，象徵日本皇軍將西侵豫西中原。恰巧次年（民國三十三年）日軍大舉西侵，姦淫燒殺，給人民帶來的禍害，比蝗蟲更大千萬倍的大災難。這也是黃河人為大決口給中原人民帶來歷史上最大浩劫。

日機空襲

民國三十三年（一九四四年）三月，我們許昌慈幼院的徐翠屏老師正在上國語科時：「嗚嗚」緊急警報聲響了，我們由許昌慈幼院四年級導師黃翠屏帶領下，出了南洋兄弟烟草公司的側門，向北邊麥田中躲警報。未久數架敵機飛臨許昌城上空，在南城牆上空俯衝低空「咯咯咯」的掃射，我們拚命爬在麥田中，不時又聽到轟然巨響，飛機已開始投下炸彈了。

警報解除後，聽人說：「飛機投炸彈時，一顆正丟在防空洞入口處，土石倒塌，封住了入口，當人們把他們救起時，都被活活悶死洞中，而被射死亡的人民，亦暴屍街上，其慘境，不忍目睹。

一直到四月下旬，二個月間，經常跑警報在許昌南洋兄弟烟草公司北邊田野間上課，聽飛機臨空機關槍掃射下，與投炸彈聲中，露天上課。因肚子餓，我偷跑回到五郎廟家中，媽媽烙了油餅，我吃飽了又帶回些，當返回院中時同學們都吃完晚飯了，當我溜進宿舍時，巧碰到總教官板起鐵青面孔：「你又偷跑回家了」，伸手二個耳光，我的臉一陣發麻，跪在地下，高峩巍教官進來，看到我又是二巴掌，隊長趙聚法，更是不放過，用腳踢，一個十幾歲小孩，被打的暈頭昏腦。晚上，我蓋起被子，在被窩中暗泣，真不知道黑暗的歲月，何時才能天亮啊！

第三章 日寇西侵

腿上的疤痕

一九四四年四月，日寇由鄭州渡過黃河，向南陷新鄭長葛等縣，進逼許昌，許昌城危在旦夕。中旬一日入夜時，在許昌城西關南洋兄弟烟草公司，許昌慈幼院宿舍，小朋友整理行李，已作向西面郟縣方向逃難準備時。慈愛的母親，突派表哥張川龍接我回家，他沒給管我隊長教官高峨巍打招呼，表哥拉著我的手就向院外走，被門口守衛同學一把攔住，拉回交給高峩巍教官，他一見我很生氣，狠狠打我一耳光，臉上冒出火星，臉半邊也一陣發麻，當時對待院童比軍事管理還慘酷，在我幼小心靈中，埋下了怒火的種子，心中憤恨難平，至死我要脫離這個苦海。於是我躲藏在南洋兄弟烟草公空蕩的院中黑暗處，院方找不到我，就帶院童全部出發了。我一個人單獨跑出南洋兄弟公司大門，黑夜中一人向五郎廟家中進發，走到西關雙十碑橋時，遇到在橋上警衛的士兵說「小朋友日寇已攻陷長葛了，距此已剩一百多公里了，趕快走。」

黑夜中，我一個小孩跑回家中時，但已人去屋空，獨自在空屋中徘徊良久，決定壯大膽子，在黑夜中一人向西追趕。經一夜奔跑至天亮，趕到穎橋（許昌與郟縣交界處），母親坐在堆滿行李的牛車頂上，我因一夜奔跑，在媽懷中大睡，牛車行在木板橋上，凸凹不平，加以牛車鐵輪震動，我就掉在車的鐵輪下，我從夢中痛醒，痛如腑肺，右腿已被輾斷，暈昏在車輪下。

父親聞訊趕來，責怪媽媽照顧不週，媽媽委屈的放聲大哭，抱著受了傷的我，母子二人，哭成一團。

聽當時目睹此慘景的人說：「距穎僑約五十餘里郟縣境某地有一接骨師，風評甚佳，在兵荒馬亂中，連夜以擔架將我抬往看診。」

月明星稀的半夜，叫開老中醫的家門，在無麻醉的情況下，一人用手壓住我的胸部，老中醫按著我的右腿進行接骨手術，痛的我死去活來，一度昏厥，完成手術後，又把抬回故鄉，汝州市城北五里王烈子庄。事隔一甲子以上歲月，雖然腳部痊癒了，但留下永久傷心欲絕的疤痕，上天對我何以如此不公平啊！

奶奶的眼淚

一九四四年春，日寇由鄭州渡過黃河，南攻新鄭長葛許昌，然後西攻郟縣汝州洛陽。

余於四月初春暖花開時西逃時，在許昌與郟縣交界處穎橋被牛車壓斷右腿，由堂兄毛見毛水蛙，抬在擔架上，抬回汝州，沿途日機先用飛機轟炸，再以低空以機槍掃射，為躲敵機，他倆將我抬在麥田中，用麥禾蓋在擔架上，以障蔽敵機看到，至夜傍晚，抬抵汝州城北王烈子庄故鄉，一進家門，奶奶抱著我痛哭失聲，滴滴眼淚，滴落在我臉上，似針尖刺在心頭，祖孫二人，抱頭痛哭，久久不能自抑。

回家的第二天（一九四四年四月卅日），突聽到「轟轟」一陣天轟地裂的一聲巨響，日軍已攻進汝州城，於是迅又把我抬到汝州城西北，距城三十里靠近伏牛山邊的樊窖村舅爺（祖母弟弟家）避難。

樊窖村靠近伏牛山邊，為藏在深谷中，開挖的窖洞為屋，冬暖夏涼，亦可躲避日軍轟炸，為避難最妥善的地方。

這時將我抬進一空窨洞內，此時敵機不斷轟炸炸彈聲砲聲，槍聲，山搖地動，汝州已經完全淪陷了。

在窨洞內，也有停留山邊的國軍兵敗的部隊官兵，埋鍋煮飯，吃後好像在作緊急後撤動作，軍情慌亂，狼狽後撤情形，不忍目睹。

此時，我右腿骨折處已發炎，腫的像碗般粗大，疼痛在床上哭喊，祖母也無奈，也陪著掉眼淚，在兵荒馬亂中，適有一城內名中醫范剛先生，亦逃難北鄉樊窨村，祖母含著眼淚請託他看診。在逃難中，他隨身帶有鋼製粗針一把，向我腿腫脹腐爛處一砭，未見流血，也感覺疼痛，他搖頭說：「腿部受傷地方，肌肉已發炎壞死。」於是他迅速開了一個處方，祖母又在兵慌馬亂中，跑到鄰近領頭鎮中藥店抓了藥，烹成藥膏，然後溥在傷處，約一週後，傷處腐爛壞肉盡除，長出紅嫩鮮肉，祖母感念萬分，曾經向此名范剛中醫師下跪，感念救腿之恩。無沒祖母救腿之恩，我將成為傷殘之人，感念祖母恩德，天高地厚，永難忘懷。

祖母為了我的腿折，不知流了多少眼淚，經祖母百日照顧，「傷筋動骨一百天。」。腿部傷口骨折，漸漸痊癒，扶杖而行，現腿部仍留痕疤，每看到疤痕，就會想到祖母照顧大恩大德。

慈母的祈禱

一九四四年五月中旬，北方中原大地，麥子正在成熟，鄉野間農民正在麥忙時，汝州城北鄉，農家男女婦孺，正在田間忙於收割，此時一日本兵扛著槍在田邊馬路上經過，瞧見麥田內一少婦，頗具姿色，在光天化日之下，就把少婦抱按在麥堆上，進行強暴。在旁正在忙著割麥的年輕丈夫，目睹此情境，不由怒火中燒，拿起割麥的鐮刀，照著正在進行強暴的日兵頭上砍去，日兵應聲倒地喪命。

住在城內的日軍，聞訊惱羞成怒，發動數百名日寇，持槍向城北鄉大舉報復，姦淫燒殺，瘋狂向城北進擊，一直殺到城北三十里的靠近伏牛山邊的樊窖村。

當時我因腿被牛車輾斷，由慈母照顧，聽到日寇來襲，全村男女婦孺，逃的靜光。我因腿折不能行動，慈母為了保護愛子，也冒著生命危險，躲在屋中，把大門緊閉。日寇用石頭撞門，震耳欲聾，聲聲震人心弦，母親長跪院中，向天不停叩頭，祈禱上天佑我，日寇撞門聲約半小時，慈母跪地向天叩頭也半小時以上。後來撞門聲漸漸少了，聽到門外有人講話的聲音，日寇已經走了。

此次，如無慈母，骨折的我，必死在日寇刺刀之下，事隔一甲子，每思及此事，仍不寒而慄，母親愛護子女的大恩大德，永難忘懷。

十三軍與豫西

一九四二年，抗日戰爭，正熾烈進行，豫西是抗日戰爭中最重要的地區，湯恩柏以戰區司令駐葉縣，其轄部隊十三軍由石覺將軍率領駐汝州，為中央的嫡系部隊，其裝備武器，在國軍堪稱一流。但當時民間有一句傳言：「能要日本人燒殺，不要十三軍駐紮。」何以有此一諺語傳出呢？該部最大缺點，就是不知體恤民意。抗戰時一九四二年，一九四四年，已到最艱困階段，民生物資缺乏，但十三軍要求部屬服裝（學兵隊）整齊美觀，染成青黃色，在缺少染料下，那怎麼辦呢？

我家大門前有千年古槐樹一棵，樹蔭蔽天，樹幹的自然長成的樹洞中，供奉土地公一樽。四時膜拜，為護佑村上的偶像象徵，村中老年人每逢炎夏，坐在樹下，幾塊大石頭上聊天。

槐樹皮可以染成青黃色，於是軍人將腦筋動到槐樹身上，剝下樹皮，用來染衣服。當這些士兵爬在千年古槐樹幹上剝樹皮，在豫西地方有一種迷信，大家公認千年古槐，有神明附佑，每遇逢年過節時，必到樹前頂禮膜拜。當這些軍人爬到槐樹來剝樹皮時，村上的老太婆們，為挽救大古樹，不被剝皮而死，她們用雙手去拉他們，拉住這個兵，其他的兵又爬上去剝。結果千年古槐，因樹皮被剝而枯乾而死，普遍引發民間抱怨。

一九四三年，民生物資艱困，很少設有專供軍人駐紮的營舍，在大部隊來臨時，即有部隊先遣人員前來「號房」。也就是部隊開來時，房屋即應移開房屋所有陳設，供給部隊駐紮。因老百姓最主要者，為敬拜祖先牌位的堂屋，也被號住了。部隊一到，連祖牌位，也要移位，部隊住進去後，並把屋牆挖幾個，一平方尺的洞，使空氣流通。

老百姓迷信上忌諱破壞風水，但軍隊不體恤民意，硬是如此做了。而部隊駐紮後，拉官車，徵糧草，拉民伕，加上一九四一年旱災，一九四三年蝗災，瘟疫，瘧疾流行，老百姓真無法度日，苦不堪言。

當一九四四年五月，日寇強渡黃河，攻陷鄭州，當時的戰區指揮官湯恩柏，把精銳的重兵十三軍，安排在隴海鐵路線上。誤判日寇陷鄭洲後，會沿隴海線鐵路，向西攻取洛陽。結果日寇未西進，乃向南攻陷許昌，然後才西攻陷郟縣、汝州，洛陽。在洛陽失陷後，而十三軍仍停留在隴海線上，於是緊急向南撤退。然而白天怕日機轟炸，日軍截擊，所以白天十三軍官兵，藏伏麥田中，乃利用夜間撤退。

當時老百姓在心態上，「十三軍在平時，騷擾百姓，做的那麼多好的防禦工事，日寇一到，一槍未發，就向後撤。」百姓義憤填胸，「你們不打日寇，讓我們來打。」在中原豫西農村，為防土匪，建有土塞。在十三軍利用夜晚大撤退時，百姓在塞牆上，放了幾槍冷槍。因隊伍的兵，都是被迫拉來的壯丁，被迫當兵，晚上又不明情況，當不明槍聲響起，壯丁們就放下武器，一鬨而散，都跑回家去了。

大部隊後撤時在夜間，塞牆上老百姓問：「甚麼部隊」，軍人回答說：「十三軍」，老百姓就開始開槍了。後來塞牆上老百姓又問：「甚麼部隊？」下面部隊會回答：「八十五軍」，八十五軍軍長陳大慶，軍紀較十三軍好，老百姓就放他們過去了。後來百姓一想「八五不是十三嗎？」又開始打了，整個十三軍，一槍未發，就全部垮了，武器摔了滿地。

第二天天亮，老百姓跑下塞牆來檢獲武器，有步槍，機槍，甚至排擊砲。這批武器彈藥檢獲後，充作地方抗日義勇軍武力，與日寇週旋於淪陷區，突襲日寇，使日寇吃了不少虧。

後十三軍幹部們撤到貴州省，中央又給予重加補充兵員，加強裝備，日軍投降，開赴東北，由營口登陸，一直打到熱河承德，攻勢銳不可擋，表現優異，保衛大承德，功不可沒。

一九四八年冬，國共內戰情勢逆轉，十三軍由承德撤至北平。共軍由東北入關，包圍北京，傅作義為保留北京固有文化，與共軍和談。當時在軍事會議上，傅作義提出，願意離開的部隊，可以離開，但在會議上敢舉手的唯有當時的十三軍長石覺，舉手：「我願意離開。」於是石覺率領十三軍團級幹部以上，撤出北京，後撤進台灣，曾任第二軍團司令，聯勤總司令，銓敘部長等要職，可鑒他對蔣非常忠貞，深得蔣之信任。

歷盡滄桑一婦人——娥

一九四四年冬，日寇侵陷汝州，治安紊亂，人民已失去保障。從入晚到黎明，連夜槍聲不斷，第二天就會傳出駭人聽聞的惡耗。

在臘月裏，寒風刺骨，莊人說：「趙庄外婆家對面陳卓全家慘遭毒手殺害。」我們丟下了飯碗，小孩子們愛湊熱鬧，就趕跑去看。到了趙庄，一進陳卓家大門，只看見陳卓被綁在院中的棗樹上，全身被刺刀刺的血肉模糊，死狀至慘。房中臥室內十幾歲的小女兒因嚇的躲在床底下，被射殺，陳卓太太被射殺橫臥在床上，當時淪陷區，治安失衡，也無人去偵查。

不幸的事發生後，才聽他的鄰人說：「原民國三十年（一九四一年），中原大旱年，陳桌家庭本富有，因陳桌抽雅片烟，偌大的家業，被賣淨光，一日三餐，都成問題。陳卓長女名娥，生的皮膚白嫩，像貌頗具姿色，本嫁與城東尚庄梁姓人家為妻，生有一子一女，但丈夫亦是遊手好閒，家道中衰，民國三十年（一九四一），汝州遭遇空前大旱年，娥無法生活，就帶著孩子，住在娘家陳卓家。

當時十三軍軍部，就住在趙庄，石覺的胞兄給石覺軍長任秘書，娥在其父主使下，嫁與石覺的胞兄，把一雙兒女，留在娘家。日寇於民國三十三年（一九四四）夏佔領汝州後，其梁姓前丈，參加了偽組織皇協軍地方團隊，趁三十三年冬（一九四四年）十一月某日，傍晚時分夜幕低垂時，帶槍潛入陳卓家，夜深時舉事行刺，刺殺岳父岳母小姨子後，將其一雙兒女帶走。

後地方上傳說，肯定是娥前夫梁某所為，因為他未刺殺一雙兒女，反把一雙兒女帶走扶養。但在那個亂世　人人難以自保，只是大家談談，也沒有去管這樁滅門兇案。

民國三十三年底（一九四四年），陳卓獨生子陳善田，當兵逃回故鄉汝州趙庄，跪在父母墳前痛哭，因家庭已經衰落，也無人理他，哭後離家不知去向。

民國三十八年（一九四九），政府撤台，娥亦隨十三軍撤台，此時石覺胞兄已逝世，娥又嫁與十三軍行伍軍人，鄧正漢為妻。民國四十二年（一九五三年），筆者任職高雄六十兵工廠膳計工作，在一個星期日假期，在住五塊厝一怯建民家玩，一個太太說：「後面村上住有你們汝州籍的鄧太太。」聽此話後，我與焦允恒同鄉結伴前往探視。

一進門，娥就一眼認出：「你不是忠武嗎？你爸爸叫官書。」異地遇同鄉，而且又有點親戚關係（作者外婆家是趙庄我小時在外婆家住的時候比較多，我母親經常與娥的媽在一起做針線活），於是常有來往。

在台灣作者無親戚，故經常與家來往，民國六十二年（一九七三年）十一月，我在嘉義縣政府教育局課長任內，突接高雄市焦允恒同鄉的長途電話：「鄧太太病危消息」，當時因工作太忙，尚未來得及前往探視，即聞惡耗，娥已病逝。

據同鄉們云：「娥的石姓前夫，逝世時，曾留給她百兩黃金，一直由大陸帶來台灣存入台灣銀行自租保險箱內，多少年來不捨得花用，俟她住在榮總腦部腫瘤開刀時，其鄧姓丈夫說：「現在沒有錢治病。」乃騙出台銀保險箱鑰匙，才把一百兩黃金取出，恨心的說：「出院吧！」回到高雄五塊厝家，也不給她請醫治療，置她於不顧，活活被餓死，逝世後隨便將她埋葬於天主教公墓，他的一生三嫁頗為曲折傳奇，使人不勝感慨唏嘘啊！這也是亂世中的悲劇。

風雨中的悲情

一九四四年八月六日晚，黑暗的夜色籠罩大地，屋外驟雨不止，雨勢的很大。

「這幾個孩子留給你了。」母親瘦弱的病體，躺臥在病榻上。爸爸，大姐，典妹，與我環立在病榻前，已哭的泣不成聲。這是她在彌留時，最後的留言。

自一九四四年五月，日寇侵略豫西，在敵機轟炸，戰火漫延，生命脆弱的歲月裡，逃過砲火的追襲，逃難中我的右腿被牛車輾斷，母親抱著我，受盡折磨，痛苦摧殘，他終於身體愈來支持不住，病倒了。

在那戰亂的時代裏，西醫幾乎沒有，好的中醫，也難找到。母親抱著病體，又要侍候受傷的我，在種種環境壓力愈來愈大，她支持不住瘦弱的病體，倒下去了。

後來脖子又生了「對口」瘡，更是雪上加霜，身體迅速惡化。送到城內，經范鋼中醫師，在瘡口上劃了一刀，血膿流出一堆，於是倒下不省人事。

在呼吸極急促的情況下，他把兒女叫到床前，說出臨終遺言。雨下的更大，夾雜著雷聲風聲，在子女的哭聲中，媽媽長眠了。

安葬之日，又遇大雨，身背柳樹枝，祭盆，在哭聲中送母靈柩到墓穴，看著慈母下降墓中，母親：再也見不到妳了！我們姊弟跪在新墳前，痛哭。接著勝利，國共內戰，我又忍痛離開故鄉，每思及母親生離死別悲慘景象，一幕幕重現腦海中，我永遠忘不了。

在外流浪數十年，一九八一年八月，返鄉探親，景物依舊，但人事全非矣！母靈柩墓，經文化大革命，已夷為平地。余感念母親懿德，擬重建慈母墓園，但雇工經數週尋覓，均成泡影，使余心願無法如願，天呼！人呼！這是戰爭帶來的罪過，使人抱憾終生，仰天長歎！

蜂擁而起的抗日人民

一九四四年五月，日寇由鄭洲渡過黃河，侵佔豫西，汝州城陷落，這一帶民性強悍，不干屈服，於是組織人民抗日游擊隊，蜂擁而起。

有黃萬一者，個子矮小，長了一臉大麻子，外號：黃大麻子，住汝州城東北鄉黃庄塞。此時的日軍，已是強弓之末，但仍殘暴異常，汝州舊城四週城牆，各設有城門乙座，供人民進城的出入口，均有日軍派一名衛兵持槍上刺刀把手。凡經過的中國人民，均須向本衛兵行鞠躬禮，如有不行禮者，日兵以刺刀相向，但是人民貌恭而心不服。尤以苛徵糧草，為人民所怨恨，所以城東北鄉黃庄塞乃拒向日寇納糧草，屢為抗爭。

一九四四年六月某日，日人派武裝士兵數百，並挾坦克車二輛，黎明時間往城東鄉黃庄塞圍剿。汝州城東北鄉一帶，為丘陵地形，當日寇部隊快抵黃庄村時，突由路二旁山崗上冒出人民抗日群眾，個個脫去上身衣服，打著赤膊，手持大刀和手榴彈，向日軍砍殺而來。日寇措手不及，被砍殺傷亡慘重，所開往的坦克車，被人民踏上車頂，由車頂口投入手榴彈炸損，失去行動馬力。日寇不敵，乃向汝州城逃竄，人民群眾，緊追不捨，一直追到城的東城門外，日寇乃關閉東城門拒之，人民群眾才罷手。

日寇慘敗後，其守城警備司令山本，一時無奈，只有尋求與人民群眾談和一途，用來妥協安撫地方，談和之日，由人民群眾領導黃大麻子黃萬一率一名手持手槍衛士隨同黃萬一前往日本駐城內文廟的山本司令部談判，黃萬一堅持的唯一條件，以後人民進汝州城門時，不再行日本守城門衛兵行鞠躬禮，東北鄉黃庄不再向日軍納糧草。日寇迫於無奈，只有依條件順從，從此在日寇統治下，享受人民進城時，不再向日寇衛兵行禮的待遇，也開日寇入侵中國後，不向日寇行禮的先例。

第四章 抗日勝利日寇投降

抗戰勝利國土重光復學

一九四五年八月，正在王烈子庄上與小朋友們嬉戲，忽然聽到村民，有手持槍向空鳴槍的聲音，有人叫喚著：「日本人投降了。」大家手舞足蹈，歡呼跳躍。平時狐假虎威的漢奸，皇協軍，地方自衛隊，在一夕之間，臂上都掛了一塊白布，上書：「別動軍」字樣。平時耀武揚威的地方維持會漢奸走狗，也都逃的逃，跑的跑了，消聲歛跡。

勝利了，在歡欣中，設在臨汝城西北七里地有年寺的學校，開始復校了。連年天災人禍，兵荒馬亂，耽誤的學業，又開始上課了。

我與同村的毛安仁與板陳庒的王清月相偕編入五年級就讀。姜庵小廟位於板陳庒與王烈子庒的交會點上，我和毛安仁王清月每天背著書包，步行上下學，必在姜庵相等會面，放學時也在姜庵分手，天天如此。當時正值少年，一面走路一面聊天，有說不完的知心話，上從天文，下至地理，天下大事，知心的俏皮話，也無所不暢所欲言，我們之間的感情，日益交融，竟成莫逆之交。

在有年寺讀書階段，也是我一生中最甜美的歲月，又逢太平盛世，社會上也充滿著和偕安樂的氣氛。教我們國文的是郭維本老師，洛陽明德高中畢業，個子雖小，但精明幹練。在高年級就教我們熟讀古文如：陳情表、桃花源記、阿房宮賦，弔古戰場文、春夜宴桃李園序、五柳先生傳，都背的滾瓜爛熟，對國文奠下良好的基礎。每日記日記一篇，每週寫作文一篇，經郭老師仔細批閱後，慎選數篇，每月出刊壁報一大張，同班同學：劉慶功，寫的一手好毛筆字，由他書寫，貼於校門入口處牆壁上，供全校同學參觀，而我的作文，在每一次壁報出現最多，當時被譽為小作家。

教我們數學的是孫天錫老師，個子高挑，人長的一表人才，雖是省立臨汝中學畢業，但口齒清晰，教法良好，數學經他黑板上板示，我一聽看就了解，也奠下我對數學喜好與興趣。當時四則題，只有我會演算，可說領悟力最高的一個。深得孫師的嘉評。孫師雖非師範畢業，但他的優秀才華，高於師範出身者甚多，在我幼小的心靈中，乃是最好的一位數學老師。（回大陸探親，聽王清月同學說：孫師解放後，任何南省公安處長）

在有年寺小學，在郭老師率領下，曾暢臨汝名勝風景區，風穴山白雲寺目睹千年古寺，滿山千年古柏，古寺建在山谷澗，淙淙泉聲，由石龍嘴中噴出，塔林排列山下，風光異常優美。少林寺有山無水，風穴寺有山有水，（回家探親時已不復見，聽說古寺古柏，均遭紅衛兵破壞殆盡。）

遊風穴山白雲寺

風穴山位少林寺東南約五十華里處，距臨汝城東北二十五華里，滿山青綠翠柏，山後有風穴洞，深邃莫可見底，山谷間建一古剎，為唐代所興建，名風穴山白雲寺，名聞中原大地。

一入山門，有千年古柏三棵，蒼勁挺拔，濃蔭蔽天，樹身約要五位壯男用雙手合圍，方能抱住，名「三炷香」。乾隆皇帝曾遊中嶽嵩山：中嶽廟，少林寺，兼乘遊此名山，一進山門，看到三棵高聳挺拔古柏，大為讚嘆，立被封為：「三大將軍」，一時傳為美談。

進入山門後，呈現眼簾的一條曲徑小河，河山建一石橋，橋上建有石龍盤臥橋端。由龍嘴中吐出清泉，淙淙有聲，四季不絕，橋下潺清流，水澈見底，遊魚可數。再向前行約十公尺，即為「大雄寶殿」，大佛為純塊青玉石雕琢而成，佛像莊嚴肅穆，微含笑容，眼中含有二顆夜明珠，佛之靈性盡現，大殿後翻過一小山坡，清泉自山坡流下，淙淙有聲，建一宮殿式古樓，樓上供千佛手觀音坐像一座，樓下建四面觀音像一樽，樓旁另建八角硫璃亭，濤濤清泉，縈帶左右，善男信女，禮香膜拜，四季不絕。

順八角琉璃亭山坡而上，山半腰建有鐘樓一座，據傳說：當古時建鐘樓時，銅鐘過重，無法懸空裝上，時有一神人經過，告之曰：「可用聚土堆集，使鐘昇空，然後將土取下，可使銅鐘懸空，但臨行時留言，等我離開山門後，始可撞鐘。」當神人到達門時，小和尚等待不及，就撞鐘了，故未聽神人留言，雖鐘聲嘹亮，只及四門，山外即聽不到鐘聲了。

鐘樓再上山路約約十餘步，有一平台，約五公尺方圓名：「望景台」。站立台上遠眺，臨汝河川古城，阡陌交通，盡如眼簾，心胸為之開闊，大嘯一聲，聲聞數里。

翻越山後，有一山洞，名為「風穴洞」，入洞後即聽到呼呼風聲，由洞中吹出來。記得余於民國三十五年春，有年寺小學，由郭維本老師率領登風穴山，一位三年級同學，為看山洞，翻下山坡時，因山坡陡峭，他用跑到方式太快，腳停不住，由山坡上滾下來受傷，返回時由高年級個子大的同學，由童軍棍作成擔架，抬著下山又抬回學校。

風穴洞傳說神話更多，一進洞口洞深方圓約五公尺，但洞深邃，一眼望不到底，只聽呼呼風聲，由洞中吹出，故名：風穴洞。也有傳說：此洞可通汝州府城，未人敢進去過。未測是否真否。

民國三十一年（一九四二年），湯恩柏駐節葉縣，成立直魯豫皖邊區學院，收容留亡淪陷區流亡學生，當時軍事委員會軍統局長戴笠，選擇邊區學院優秀青年成立：「中美訓練班」（以後稱特警班）在此風穴山白雲寺訓練幹部多期，即利用此山明水秀，陶冶性格，現風穴山中美班遺址山洞一處，仍陳列當時各種資料展出。

民國八十一年，二岸開放，余返鄉探親，抽暇舊地重遊，滿山柏樹，盡被砍殺，三炷香三顆聳立古柏，也失去蹤影，大雄寶殿，玉石佛像被毀，已不知去向，千年觀音，四面菩薩被毀，石橋石龍噴水不見，八角琉璃亭遭破壞，四面潺潺流水，成一小河溝。後雖有臨汝旅台同鄉返鄉捐資重建，但也只是建些小石碑，已無有吸引遊客之心矣！

近年當地市政當局種滿山坡桐樹，但已失去柏樹常青俊逸之風，聽小學同學王清月說（王清月解放後任汝州市長）：「少林寺因少林拳風行天下，名聲太大，文化大革命時，得到周恩來的下令保護，才免除紅衛兵的毀壞，古蹟倖得保存，現得以享譽世界，而風穴山有山有水，而少林寺則有山無水，風景遠遜於風穴山。」舊地重遊，撫今追昔，不禁使人長嘆也。

風穴山如仍保留，觀光人潮，遊完少林，順道再遊風穴山，可得相得益彰之效也。

風穴寺

風穴寺

考入河南省立臨汝中學

臨汝縣，清制為汝州，轄郟縣，寶封、魯山縣，縣城內設有書院一所，民國成立後，汝州改制稱臨汝縣，汝州書院，亦改為河南省立第十中學，後更名為：河南省立臨汝中學。經歷任校長苦心經營，所聘師資，皆國內有名大學，如北京大學，朝陽大學，河南大學，武漢大學畢業之飽學之士，陣容堅強設備充實，為豫西之名校。亦為臨汝鄰近各縣（均未設省立學校）、郟縣、寶封縣、魯山縣、伊陽縣、伊川縣、登封縣、各縣小學畢業生升學競爭的目標。每年暑假招新生九十名，但應考生多達二千餘名，皆各校最優秀之畢業生，方敢應試，錄取極為嚴格，考進之新生，為一時之選。

有年寺國民小學，設在臨汝城西北七華里的古寺舊廟中，寺舍房屋陳舊，設備簡陋，自設校以來，很少有畢業學生，敢有勇氣參加報考省立臨中的，更未有鄉村小學畢業生考上省中的。

民國三十六年（一九四七）暑假，省立臨汝中學招考新生簡章送到學校。根據校史，未人敢去報考，經級任老師郭維本的評估後，因為我的成績，不管在國文方面，數學方面，史地方面，每學期名列第一，超出其他同學甚多。同時在全縣小學畢業生總會考時，當時每年小學畢業生，均要參加全縣集中，由縣教育科舉行會考，及格的由縣府發畢業證書，不及格的由學校發給畢業證明書，望嵩鄉二所小學，會考及格者，只有我一人。

認為我與樊憲元同學，報考省中，當屆畢業生二十餘名，有的報考臨汝縣立初中，或報考臨汝縣立鄉村師範（招小學畢業生讀四年），縣城內設在文廟的私立汝陽中學，也有不升學的。當時農村子第讀書的很少，每個村只有家庭經濟稍好的，方准兒子讀書。

樊憲元同學，人甚聰明，成績也不錯。考試前一日，我倆相偕同往，住在省立臨中對面，他姑姑家，連考二日等待放榜。放榜當天，四點多鐘，天色昏暗，看榜考生，爭先恐後，當看到我的名字被錄取時，欣喜若狂，急跑回住處，喚醒樊同學，他跑去察看，失望而回。第二天正是臨汝縣立初級中學入學考試的日子，他又去參加縣中考試了，我也就收拾行李回家了。

省立臨汝中學校長張恒光（卅六年調南陽師範）

第五章

國共內戰

夜離臨汝逃亡許昌

一九四七年秋，臨汝中學，剛開學三週餘，一日最後一節課下課後，夕陽西下，同學們都跑到操場上，追逐嬉戲，歡笑之聲，充滿校園。

降旗鈴聲響起，同學們按班級排列在操場上，舉行降旗典禮。典禮後，校長趙鶴齡走上司令台訓話，他面色凝重，以沉重的語氣說：「共軍已逼近城西，距縣城四十里了，同學們，有親的就去投親，有故的就去投故，無親無故的，就跟隨學校走。」

因河南省立臨汝中學，就讀的學生，大部分均來自鄰近縣或鄉村，在城裡無親無故，無處可投，一聽校長報告後，一陣騷動，於是回到宿舍，（大部分同學均住學校宿舍內）各自整理行李，打好包裹，在老師的率領下　於夜間九時左右，走過臨汝東大街，尚看到五步一哨、十步一崗，警察站立在道路兩旁。出了城東門，向城東走去，黑夜中看到陸軍十五師殘部，亦向東撤退。同學們背著包袱，行行重行行，誰也不敢脫隊，黎明時，已步行到城東二十五里的紙坊街，學生的隊伍，剛停妥，尚來不及喘息，忽然聽到一聲「轟」的巨響，從西面城的方向傳來，（後來聽人說共軍用炸藥爆破臨汝城西城門），同學們一陣譁然。教務主任：張蘊山宣佈說：「臨汝城破了。有親的就趕快去投親，有故的盡快去投故，無親無故的，隨學校走。」同學們尚無休息，又背起包袱，隨著老師向東行了。

到了天黑，抵達郟縣城西門外，城門開著，守城的官兵不讓進城。此時的我們，身心俱疲，倒在地上就睡著了，當一覺醒來，天已大亮，才發覺我們在城壕中睡了一夜。

早上同學們隨便從地攤上，買些早餐果腹。在此時刻，正好有幾十輛運送軍需彈藥的軍用大卡車，由許昌運送彈藥補給到郟縣來，卸了彈藥補給品，擬空車返回。老師們就去與卡車領隊接洽，津貼司機們一些油料費，我們臨汝中學師生上了卡車，一路向東駛行，大約晚上十時左右，把我們送到許昌城西關。城門關著未開，我們就依街屋簷下而臥，等到天亮，老師帶我們進城，暫時住在：許昌城井園街，臨西城牆一停工的雞蛋廠內，空空的廠房中。

許昌城易守

在許昌數月，學校也未上課，就約同幾個要好的同學，合夥買些米煤，商借街上老百姓的廚灶，每天燒二餐稀飯喝，教務主任張蘊山告訴我們說：「早點睡，晚點起，一天可省二兩米。」來度這流浪的歲月。

一九四七年十二月，我們數位同學相邀到城西南「霸陵橋」去玩，看到一條乾涸了的小河上建一座石橋，橋端立有一高約七尺的大石碑，上書六個斗大的字：「漢官挑袍處」，字體蒼勁有力，雖年代久遠，石碑經風化，但字體清晰可見，相傳為三國時，關羽困曹營十二年，得悉結義兄長劉備現在河北，乃辭曹營而別，騎馬行經此處，被曹操追上送行，所送戰袍一件，關羽未下馬用刀挑起戰袍而去。想當時關羽義氣英勇，橫刀馬上的氣概昂然如呈現眼前。

遊完霸陵橋後，繞到南關去玩，當返回進城時，城門人潮擁擠，持槍衛兵把守城門，已不讓人進城。還好我們幾位同學都攜帶了學生證，憑證進入城內，迅速回到臨時住處，井園街雞蛋廠。

是日傍晚，即隱約聽到寥落的槍聲，由遠而近。至夜晚九時左右，密集的槍聲，在南關火車站響起，正式戰鬥激烈進行中，把整個南關的半邊天都變紅了。

激烈的戰鬥攻城第二天，槍聲由南關轉向西關，在校園可以看到城牆上的守城官兵，依著城牆垛拿著步槍向城外發射，從城外共軍所射子彈，嗖嗖聲的從校園穿過，我們嚇的躲在屋中。

入夜槍炮聲更加激烈，窗門被震動的格格作響，驚恐中，槍聲愈來愈近，深夜聽到共軍指揮槍發出「喀勾、喀勾」怪聲，使人毛骨悚然。指揮槍的怪聲，由西城牆外，轉進西城牆內，同學們在迷迷糊糊睡夢中，突然有穿著軍服，手持裝上刺刀的軍人，衝入我們住的宿舍中，大聲說：「一律不准動。」同學們害怕顫抖中回答：「我們是學生。」他們用手電筒照射：「一律把手舉起來，到屋外去。」同學們舉著雙手，走向屋外院中，他們說：「排成一排。」在隊伍尚未排好時，只聽到一陣機槍聲，由西城牆上，向我們學生群中掃射，那持槍的軍人大聲說：「不准回屋中，向東跑。」

只看到紅紅的子彈，掉落在前後左右的地上。還好黑夜中，機槍射手，看不清目標，機槍射的不準，否則後果更不堪設想。

院子東側，有一間小茅屋，我用大衣蒙著頭，拚命的向前跑，最先跑進小屋中，我一頭爬在窗戶牆壁下，在我身上又跑進小屋中許多同學，在我身上又一層層壓了許多逃命的同學，壓得我喘不過氣來，但誰也不敢吭聲，不敢動。

槍的子彈也一直往小屋中掃射，槍聲不停的一直響到天亮，黎明時，稀疏的槍聲，逐漸少了。我們由地上爬起，睜開眼睛一看，軍人穿的衣服怎麼不一樣呢？原來看到的軍人，穿的綠色軍服，眼前所看到，穿的是黃色軍服，手工也比較粗糙，正存疑問，他們開口了：「我們是人民解放軍。」

同學們驚魂甫定，突看到二年級盧姓同學，雙手抱著肚子，痛的哇大叫。登封縣的楊姓同班同學，腿部被機關槍打傷了三個洞，不停的在哀號。此時誰也顧不了誰了，盧姓同學，在哀號中喪命，我們的數學老師，拐著腿走進來，他的腿也中了槍傷了。

天色已大亮，放眼院中看去，屋門前二公尺左右，一穿著黃色軍服的軍人，橫屍在地上，瞪著雙眼，手中還握著手榴彈。

此時在省立臨汝中學擔任書記文書工作的表哥王宣忠，慌慌張張的到處尋找我，當他看到我仍健在，不勝慶幸。未久，解放軍政工人員來到學校，給我們講話：「同學們不是要讀書嗎？我們的軍政大學熱烈歡迎同學們加入。」「要是想走的，我們給你們開路條。」「南關火車站有煤，同學們如需要，可以自動去取用。」

從遙遠處，不時仍傳來零星的槍聲，料想尚有少數國軍在反抗，但許昌城確已易守了。

失城後的慘景

在砲火連天，流彈火光四射幾天都沒有好好的吃餐稀飯。戰火停了，我與同學數人，跑到街上老百姓家，借用他們的廚房廚具，生火煮些稀飯吃。正在生火時候，一個傷兵在地上爬，拖著斷腿的身體，向我生火的爐邊移動著，他很困難的爬到老百姓家門口，大娘大娘的叫著，乞求討碗水喝或給予收容躲藏，但在這大災大難的日子裏，誰敢自惹麻煩收容他。斷了腿的傷兵強忍著痛疼，含著眼淚，又艱難的拖著受傷的腿在雪地上爬著，爬到一間空屋內躲藏，後不知所終。

我們煮的稀飯正喝完時，又看到一位穿著綠色軍服的國軍，約三十餘歲，有氣無力的，面呈白色，好像走不動路，搖幌著進入屋中：「我是連長，胸部中彈了，希望給我碗水喝，或讓我躲藏一下。」

主人怕共軍來搜查，只好說：「你也去那間空屋吧！」那受傷軍人，也只有失望的，搖幌著身體，雙手抱著肚子，痛苦的向空屋中走去，以後也不知死活，自生自滅吧！

返回雞蛋廠，北邊的圍牆外，一堆一堆的橫臥在地上的屍體，天下著小雪，野狗去啃，連豬也去吃，有的臉被啃一半，也有的腸子拉出肚外，心肺被挖吃流滿地面，缺臉少腿，慘不忍睹。街頭也有匹棗紅色軍用大馬，倒死在地上，四腳朝天，我們嚇的閉起雙眼，快速急馳通過，返回雞蛋廠住處。

返回臨汝途中

經大難不死，思親之心，更加迫切，與幾個同學商量後，決定暫回臨汝縣的故鄉。於是整理妥行李，踏上歸鄉之途。

我們出了雞蛋廠校園，迅速通過圍牆外屍體成堆的地方，快速走到西城外，又看到城門內外，陣亡軍人屍體又是一堆一堆，連護城河的水，都變成紅色了。我們害怕的又閉起眼睛，匆忙走過，經過雙十碑橋，向回家的路上進發。

當過了禹縣城走到城南十公里處，遠遠的看到六、七個人，穿著大衣長袍的商敗（實乃截路劫財的土匪），向我們迎面走來。距我們五公尺左右，突然從身上取出長短槍，大聲的喝令我把李打開，（實際上搶匪，高舉雙手走過去，在顫抖的恐懼中，只有遵照他們的話去去了。經他們逐件檢查後，看我們是一群窮學生，就放我們上路了。

進入郟縣境，一路之上更是險象橫生，隨時隨地都有土匪出現。不過有郟縣籍的同學家屬，一站接一站，派槍護送，一直送到臨汝縣境內東趙落村死亡的盧姓家中。其父迎我們進入客廳：「你們都回來了，我的兒子盧衡呢？」大家互相觀望，無言以對。

盧家的飯菜也已煮好，已揣上餐桌上，此時我們已飢腸轆轆，正要準備動筷子吃時，忽聽到盧家後院傳來陣陣哭聲，聞之令人鼻酸，飯也吃不進去了。原來是一同返鄉同趙落村的楊姓同學是姻親，把這不幸的消息，跑到後院透露給他姐姐（他姐姐是死去同學盧銜的親哥哥妻子），全家都聞消息後，放聲大哭，哭聲陣陣由後院傳入客廳，其父更是以淚洗面，擺在卓上的飯菜，我們也難以下嚥了。

大家馬上辭別盧家，來到楊家，吃過晚餐，夜宿楊家，第二天以早，大家辭別楊家，有楊家派槍，護送我們到臨汝縣城內，護送人員離去後，我們也各自返家，劫後歸來大難不死，恍同隔世。奶奶看到我平安回家，興奮的淚流滿面，我亦投入奶奶懷中，痛哭一場。

無政府下地方的混亂

返家後的臨汝縣已是無政府狀態，入晚只聽到連續不斷的槍聲，像過舊曆年除夕的夜晚，鞭炮聲似的。天亮後，即聽同村的人說：「某處遭搶劫殺人，某個地方，全家被殺死。」晚上，大家嚇的不敢安寧睡覺，男女均爬上屋頂上，屋頂上堆滿石頭磚頭，只要聽到街上稍有動靜，大家都把石頭磚頭投下去，以防盜匪蠢動，每天都在恐懼中度日子。

尤以城南的汝河以南，大股流匪，（號稱土八路），不時渡過汝河，竄擾城北鄉村落，如我們正在吃午飯時，股匪北上渡河了，來到城北趙庄時（距王烈庄一里），我們即迅速把碗放下，拔腿就跑，飛奔快步，上氣不接下氣的跑到庄東邊壕溝內躲藏，（抗戰時軍人所挖之戰壕），爬在壕溝內，頭也不敢抬，俟他們走後，才敢返家。

一日，股匪突來，我翻牆跳進村東頭宋家無人住的空院中，在牆洞中向外窺視，他們用步槍向北面安庄射擊，安庄亦有槍還擊，子彈打在牆上，一直到下午，土匪退走了為止。

事隔數日的大白天，看到土匪三、五成群的攻擊王烈子庄東北約二里的高庄，高庄人亦有槍聲反擊，嘎嘎的槍聲，子彈飛來飛去，一行路人被流彈擊中，頓時坐在地上，也有田間耕田的農夫，伏爬在田硬間，停止耕作。

在臨汝城南鄉汝河以南有一大塞，有一外號叫「四百斤」的，生的孔武有力，據說：「他因家窮困，力大無比，有一天有人以馬駝小麥四百斤，從大塞賽北門前經過，與之打賭說：「你能把這四百斤小麥，用肩扛起，繞塞牆走一圈，這四百斤麥子就給你。」他慨然承諾，扛起四百斤麥子繞走塞牆一週，名聲遠近馳名，平常他亦無正當職業，就在地方耍無賴。臨汝易守後呈無政府狀態，他也乘勢而起，每次率眾到臨汝城北竄擾，他勇氣百倍，一馬當先（後參加土共），雖在槍聲中，我由牆內窺到他，他第一個往前衝，脫去上衣，打赤膊，頭勒紅毛巾，領帶其他匪徒，衝到前面，以草莽英雄，傳遍臨汝，蹂躪鄉民，人民一聽四百斤來了，全村人趕逃跑躲避，也為亂世的英雄。

洛陽失守記實

一九四八年（民國三十七年）三月，同在村頭上，男女們，正在那兒談天，忽聽西北方，由洛陽傳「隆隆」的砲聲。往城西向洛陽的公路上遠望，共軍大隊人馬成隊行軍向洛陽進發，五個士兵抬一獨木梯（攻上城牆用的），源源不斷的向前快步飛奔行進，聽村鄰說：「共軍已經開始攻打洛陽了。」

守洛陽的是青年軍二〇六師，守東門的狄維盛，（山西人十七歲投筆從戎），他當時擔任機槍射擊手，扼守洛陽東城門。據他說：「共軍攻城時，是以麻雀戰法人海戰術，一波一波向東城門進攻，機槍不停的發射，清滅一波，接續又衝上來一波，他的手指頭扣機槍斑機，只扣的手指發麻了，屍體堆積城門前的廣場上，連護城河的水，也被血染紅了，當時我的手發麻在發抖，真不忍再用顫抖的扣動板機。

機槍雖以嚴密火網，封鎖攻勢，但也有機槍掃射不到的死角，他們手持手榴彈，如螞蟻般爬上獨木梯，向城上爬。一連三天三夜激戰，攻城愈來愈猛，在城東門上所築的防衛城堡內機槍子彈也打完了，在彈盡援絕的緊急情況下，已有大部分城區，已被共軍攻佔，前後是敵，他們只有放下，有機槍無子彈的武器，從城牆上蹓下來，走入原山西同鄉在洛陽開商店的同鄉，換上便服，逃往鄭州，後青年軍二零六師突圍官兵，集南京湯山，一九四八年九月移師台灣，以上係狄君親自口述，洛陽失守實況。

尋夫屍體

馬宜梅河南省臨汝縣人，一九四五年，與其夫新婚未久，其夫君杜秉恕，亦臨汝人，軍校十八期畢業，時任駐洛陽青年軍二〇六師六一六團排長。一九四八年九月，共軍劉伯誠鄧小平部，由孟津渡過黃河，繞過洛陽，因洛陽由青年軍二〇六師重兵把守，直撲宜陽臨汝，臨汝被攻陷落。在兵荒馬亂中，馬宜梅以獨身女流之輩，直奔洛陽尋夫團聚。

一九四八年三月，共軍陳毅粟裕部，華東野戰軍，由豫東集結，經臨汝直圍洛陽。青年軍二〇六師，孤軍堅守洛陽迎戰，共軍砲火與人海戰術，猛攻三日夜，城破，杜秉恕亦失蹤了。但滔滔戰火烟銷下，城內外堆滿屍體，馬宜梅見其夫未歸，想已犧牲，一孤女一路哭著，跑遍城內城外，手翻成堆屍體，尋找其夫下落。

尋了一天，翻看屍體，疲憊的手腳發酸，也未尋獲。哭著返回洛陽西宮旁西下池村眷區內，一進門，突然看到丈夫杜秉恕，換穿便衣，安坐家中，破涕為笑。

概共軍攻入城中時，杜秉恕正扼守西城牆上，杜正背著火箭筒，向撲來的共軍發射，後面有同仁大喊說：「共軍已經進入城內。」杜就趕快把火箭筒摔入城壕中，循入老百姓家中躲藏，這家好心百姓，給他換了便衣，潛回西下池家中。

此時馬宜梅，在屍體中找尋丈夫歸來，兩人相擁而泣。不久，共軍官兵至家中尋找青年軍官兵下落，看到了年輕的杜秉恕，乃加以詢問，馬宜梅說：「這是我弟弟。」躲過共軍耳目。停數日，即偕夫人，奔到鄭州歸隊，由鄭州集中南京湯山，一九四八年十月，轉來台灣鳳山集訓。

我在嘉義縣政府教育局任課長，嘉義臨汝同鄉有限，故常有相聚聊天，才悉上段洛陽保衛戰上段機密，故於錄之。

夢中弟弟歸來

許淑珍河南省臨汝縣城內清明街人，縣立臨汝女子師範畢業，畢業後於民國三十一年至三十三年間，曾擔任伊陽縣小學教師三年，共軍佔領臨汝縣後，尚來不及安民，他隨母親在家中。

她有一個胞弟，民國三十五年（一九四六）在洛陽就讀省立洛陽師範學校，在讀書時，看到駐洛陽西宮的青年軍，從街上走過，美式大皮鞋，美式裝備，軍容整齊，心生羨慕，棄文從武，投入青年軍二〇六師。

一九四八年三月，共軍臨汝至洛陽公路上，五人抬一獨木梯（攻城用），向洛陽進發，前鋒已砲聲隆隆，陳毅部部隊仍源源不斷向洛陽城進發，戰火激烈，可見一般。

一天夜裏，許淑珍與母親，同時從惡夢中驚醒，弟弟滿臉滿身是血，回到家中，他們已知不祥之兆，二人半夜相擁大哭。

臨汝雖已被共軍佔領，但未安民，地方土匪橫行，許淑珍由其母與傭人護送至鄭洲，與同鄉街武士行結婚。

武士行軍校十五期畢業，一九四八年六月，在陸軍裝甲兵戰車第二團，任戰車連連長，結婚後，部隊調往武漢，一九四九年移來台灣，家住台南市成功大學前門左空地上建克難房屋定居。余時在高雄六十兵工廠服務，到台南去看看在家鄉友時玩伴陳旭華君。

陳旭華臨汝小同鄉，一九四六年，在臨汝縣立師範時，棄筆從戎，投入青年軍二〇六師，參與洛陽保衛戰。脫險後，由鄭洲轉南京湯山，一九四八年移師台灣，駐台南旭町營房。見到陳旭華後，陳旭華說：「有一小同鄉武士行住在成大附近。」於是我倆前往拜訪。

當天武士行戎守金門不在家，由許淑珍迎見，同鄉異地相逢，該外親諾，中午並做家鄉飯相待，飯後閒聊，才談到他弟弟也是在洛陽青年軍，與陳旭華相談，與他弟弟在青年軍洛陽時同連，據陳旭華云：「當洛陽被圍第一天，他們連奉命出城迎敵，當他與許淑珍弟同出東城門，經與共軍接火激戰後，返回時即沒看到他弟弟了。」

此時，看到許淑珍面含眼淚，証明夢中所兆是實啊！

自謀出路

一九四八年四月，洛陽易守後，一日我在城內遇到省立臨汝中學同學從他的口中得悉，省立臨汝中學由許昌遷往鄭洲東二十里的曹古寺復課。在家每天慌亂驚恐的日子，書讀不成，虛擲歲月，因此引發我出外求學的動機。如把此動機，告訴奶奶及父親，他們決不會答應。

在兵荒馬亂中，為了求學上進，我獨自整理簡單行李，裝在麻製口袋中（不使人注意），也不招人眼睛，獨自一人逃出家園，越過北山，向鄭洲進發。當行經臨汝與登封交界處界柏坡，遇到同村毛安仁與毛見增。毛安仁用手拉住我所背的麻袋要攬我，我用力拉開，向北走去，抵鄭洲後，繞過城垣，往城東曹古寺方向省立臨汝中學走去。在路上，牆壁上就看到用白色粉筆寫道：「忠武，速到曹古寺，表兄宣忠。」心中就有奚跳，怎麼？表兄怎麼知道我來了呢？一路照著字體的方向走去，到達曹古寺門外，碰到同班同學數人，正在廟外玩，瞧見我後，大遠的跑過來，圍著我說：「毛忠武，開學已經很久了，你現在怎麼才來呢？」「你父親已經來了，在校中。」聽到此言後，心中大吃一驚，如遇到父親，他一定又拉我回去。我緊急反應，回答說：「我車站尚有行李，讓我回去拿。」即反身回頭，走到車站，正不知所措之際，恰巧開來了一列火車，就跳上火車糊糊塗塗的向東駛去。

火車夜抵開封，在車站過了一夜，又不敢再回鄭洲，抱著：「男兒立志出鄉關，學不成名誓不還，創業何必桑梓地，人間到處有樂園。」於是坐上火車向東駛去。車過蘭封縣後，鐵路中斷，看到鐵軌一望數十里，被共軍破壞，被翻轉扭曲，躺在豫東一望無際的荒漠大平原上，一群逃難民眾和豫西省立洛陽中學，省立陝縣師範的大批流亡學生，結夥而徒步沿著鐵道旁向東走去，沿途看見車站被戰火摧殘，斷垣殘壁，彈痕斑斑，經過街鎮，十室九空，一幅人間悲涼悽慘景象，連吃東西的地方，都難以找到，只有隨逃難人潮，向東逃了。

好不容易步行到商邱，夜宿火車站，穿過商邱後，鐵路又被共軍挖斷了，只好沿著鐵道，徒步前進，夕陽西下近傍晚時，經過一間破屋，突瞥見在破屋中，躺臥一名受傷士兵，一條腿斷了，發出哀號的泣聲。好像近幾天在地發生過國共軍隊激烈戰鬥，近處尚留有破殘鐵絲網殘跡，斷亙殘壁房舍，自己都無法照顧自己，大家急於脫離這飽經戰火摧殘的地方，也沒有人好心去管他了。

經過蕩山（屬江蘇北部），冷清的街上，空無一人，冷冷凄凄，使人有一種恐怖感。聽說：「前幾天，國軍與共軍在此激戰，斷亙危房，牆上彈痕累累，慘不忍睹。

過了蕩山，沿鐵道向徐州進發。

第六章

投筆從戎，投入青年軍

投入青年軍

步行抵達徐州，已夜幕低垂，我拖著疲倦的身體，經過進入徐州市的守衛軍人檢查哨，他們看了我的學生証，也就放我進入城內，但此時，我身上已無分文銀錢，只好找一簡陋的小旅社住下。

在第二天（一九四八年六月），我盲無目的逛逛徐州市街估衣攤，我把所帶的衣服，全部賣給估衣攤，換成現金，帶在身上。正行走時，突然一中年男子靠近，邊走邊談，中年男子後，又跟著一個約十幾歲左右的小男孩，手中拿著一個黃金戒子，那中年男子說：「這小孩在人家幫傭，拿了主人的金戒子，賣給你，算便宜」。我說：「我是個窮學生，手中無錢。」那中年男子說：「你賣衣服的錢，全部給他就可以了。」

我未出過遠門，也未離開過家鄉，信以為真，就把賣衣服的錢，全部給他了，小孩子拿到錢就逃跑了，那中年男子眨眼間也蹓了。我趕緊到附近銀樓去給人家看，銀樓老闆一看，就笑著說：「那是銅做的，不是黃金。」當時我一時楞住了，身無分文，在徐州的馬路上徘徊。

看到牆壁上貼著：「駐台灣青年軍二零五師招青年兵廣告，入伍服役只需二年，退伍後可就學公費。」一想，這也不錯，反正當二年的青年軍，就可復元就學了。不如去報考青年軍，一方面可解決生活問題，當二年青年軍復元後還可以就學讀書享公費。於是：我鼓足了勇氣，跑到徐州火車站附近的公園內，青年軍二零五師招生處，一位青年軍官接待，他很客氣的說：「不過你年齡太小」，我失望的想轉身就走，他又好言安慰說：「准你報名了。」

在徐州投入青年軍的第二天，我們共有三十多個豫東豫西流亡學生，跟著青年軍的領隊軍官，由徐州乘津浦鐵路南下，經一日一夜的行程，到達浦口，乘輪渡長江後，由南京溯江而上，抵蕪湖集中。

到蕪湖的第三天早上，有一位同學手拿著報紙說：「開封被圍了。」大家震慟之餘，天天迫不及待的等待閱讀報紙，被圍消息的第三天，一早就有同學一早捧著報紙，含著眼淚說：「開封被共軍攻陷了。」當場許多一齊從軍的同學，大家悲慟的掉下眼淚：回家的路，更遙遠了，一陣唏噓，泣不成聲。

在蕪湖集中青年軍從軍流亡學生上二千餘人，在一九四八年）七月一日，由運兵大隊長劉萬順率領下，由蕪湖順江而下抵上海。至上海，乘輪船來台灣高雄，我被編入青年軍二零四師第三營營部連，在鳳山接受了陸軍訓練司令孫立人將軍的新軍訓練。入伍訓練尚未及三個月，此時東北局勢逆轉華北局勢緊張，到一九四八年九月下旬，即奉令由高雄登船開赴青島。

駐守青島

一九四八年九月下旬，寶島還是熱浪滾滾，高雄上船向北方青島航行，在海上迎面碰到青年軍二零六師的運兵船開來台灣，大家在船上相距不到二百公尺，在船上大家搖手歡呼。船行七天七夜，遇到大風大浪同船官兵嘔吐不止，船抵青島靠岸隨即乘火車運抵即墨最前防。

記得當時的青年軍都是些年輕尚涉世未深的學生兵駐在即墨鄉下，晚上可聽到零星槍聲，前面距五百公尺處就是敵人，大家緊張的晚上不敢卸裝。當時農曆八月北方已很寒冷，朔風襲人和衣而臥。

夜間第八連一個青年兵在外面站哨兵，他的班長夜間去查哨，因他太緊張誤為敵人來襲，舉槍就把他的班長擊斃了。

這群無經驗的年輕人，青島十一綏靖區司令劉安棋將軍聞悉，乃調回青島市近郊李村一帶並聚合全師官兵訓話：「你們是知識青年，國家培養一個是很不容易的。」語重心長，營長毛國幹也大為震怒，集合全營官兵訓話，並把肇事的青年兵叫出，用板子打手心五十下，以儆效尤。

是年冬（一九四八年）東北易幟，天津失守，北京和談，青島情勢緊張，美軍駐青島海軍以及滄口飛機場的空軍全部撤走，青年軍二零四師奉令移駐青島滄口飛機場守衛。

康有為墓園

青島市三面環海，西面靠陸（即墨為外圍），為了加強防禦工事，我們每天要在青島市西邊陸路山區，構築防禦工事。

一天在滄口西邊的山坡上，構築防禦工事時，突然呈現一個普普通的墳墓（與普通的墳墓沒有不同），一堆黃土，墳前立有一個墓碑，上書：「南海大師康有為之墓」。一時大家驚奇不止。

康有為一八五八年，（咸豐八年）生於廣東省南海縣，幼聰慧異常，七歲能屬文，鄉人視為神童，十八歲受業於名儒朱次琦門下，大同書，為南海理想的政治，時甲午戰敗，國事日非，光緒二十年，成進士，會公車（乘公家的車入京會試的人稱公車）至京會試者數千人，有為以其名高望重，議論縱橫，乃號召入京車上聯名上書，改革國是，主張君主立憲（像日本維新）。光緒二十二年，四次上書言變法之不可緩，康有為戊戌正月上書，為實現其政治主張，於三月二十七日開保國會於京師，乃蒙光緒皇帝召見委以君主立害新政，昔袁世凱洩密，慈禧重新執政，大捕新政十君子，甲午（十三日）楊深秀、楊銳、劉光第、譚嗣同、康廣仁俱處斬，康有為梁啟超逃亡日本，光緒二十九年四月二十三日至八月初六日的百日維新，終因舊派反對而功虧一潰。

如照康有為主張變法成功，中國也就不會戰亂百年，歷史當會改寫。可惜他亡命日本，仍主張君主立憲，後曾返國投效北洋軍閥吳佩孚，「八方風雲會中州」。可惜吳佩孚兵敗，康氏潦倒一生，老年窮居青島病故，葬身於青島市郊山坡上，我與同連青年軍數友人，參觀墓園後，對一代思想界偉人，真不勝感慨也。

讓他安靜的躺在山坡上吧！

太原空投紀實

民國三十八年（一九四九年），東北遼瀋易幟，天津失守，北平傅作義與中共和談，只有劉安祺指揮下的第十一綏靖區，堅守青島，還有山西太原在共軍包圍下，孤軍奮戰。

當時我在青年軍二〇四師六一二團第三營營部連，駐紮青島市艙口飛機場守衛，每天看飛機起起降降，空運軍用物資到太原空投補給。執行空投任務的，是聯勤空運勤務第二中隊。年輕的我，還從未搭過飛機。

那日，正好一架C四十七軍用運輸降落，機艙門打開著，空軍官兵忙著搬運物資上飛機。我與同班青年兵張驟州，途經該地，他性格活潑外向愛動，向正在搬運物資上飛機的官兵說：「我們沒坐過飛機，能否讓我們上去坐坐，也幫你們空投？」

正在工作的班長說：「好啊！歡迎你們上來。」於是物資裝運好後，關了機艙門，在跑道上滑行起飛，我們兩人坐上飛機，目標向太原空投去了。

飛機離開地面升空未久，向大地俯視，看到泰山巍峨聳立山東大地上，黃河美如玉帶。經過太行山頂，一望無垠的山峰雪境，感嘆祖國山河，偉大壯麗之美。

約經數小時飛行，飛抵太原上空，時間約近黃昏，地面砲火向空中射擊，彈花在飛機四周流竄。飛機經盤旋後，機上鈴聲大作，把艙門打開，我們用手拉著飛機上固定繩索，用腳把一袋袋的物資踢下機艙門外。

投完後，機艙門關閉，返航到太行山山頂時，突然一個推進器停止旋轉了，飛機靠著一個發動機，側著翅膀飛行。機上工作人員驚慌失措，我們也自嘆：「為了好玩嘗試坐飛機，這下可完了。」正緊張時，一位飛行員由坐艙中走向後艙，安慰我們說：「不要怕、不要怕，飛機馬上就修好了。」過了約兩分鐘，飛機恢復正常飛行。

約數小時，飛機降落地面，天色已黑。我們驚喜慶幸之餘，下飛機一看，怎麼不是青島滄口機場呢？正在驚愕時，隨機的聯勤勤務隊的人員說：「飛機飛臨太原上空投時，飛機離地面太低，被地面砲火所波及，因此飛回上海虹橋機場檢修。」

我們回不了青島，無奈下跟著運勤務隊，由虹橋機場乘車到龍華機場隊本部，王隊長以歡迎的口氣說：「歡迎二位青年軍朋友，不要回青島了，就留在本部好了。」

本來是好奇好玩坐一坐飛機，沒想到脫離了華北戰場，後撤退來台。現在回想空投太原險些飛機失事，仍不寒而慄！

投入裝甲兵

一九四九三月，我與張驟洲，馬培華，魏巍，青年軍約四個年輕人，由青島市滄口飛機場，因想坐飛機好玩，隨空運勤務隊乘坐飛機到山西太原空投，飛機由太原空投後折返上海虹口機場，我們四人無奈，也就留在上海，駐入龍機場內，此時正是陽春三月，龍華一帶遍開桃花，香氣沁入肺腑，倍感舒暢，日日無所事是，遊龍華古寺，爬上聳立寺旁十餘層古塔，暢遊大世界新新，永安公司。反正軍人當時在上海也坐車不要錢，並看到上海法學院學生鬧學潮，拉著紅布上書「紀念校慶，莫忘四一」。大型標語，學生走在街上遊行，呼口號（四一，可能是一九四九，四一國民黨，軍隊鎮壓遊行學生）。當時上海警備總司令是湯恩伯，副總司令陳大慶。

後來空運勤務部隊移駐上海江灣，出來遊玩時，途經上海江灣水電路大營房，陸軍裝甲兵駐地，看到裝甲兵穿著美式大皮鞋，美式斜紋布軍裝，肩上佩帶著三角肩章，副司令是蔣緯國將軍，當時我們四個青年軍，在空運勤務隊天天遊蕩，無所事事一時心生羨慕，此時裝甲兵戰車第一團輜重連正在江灣貼廣告招學兵，我們四人，一時好奇，進入訊問，招生人員非常歡迎我們四人加入。

那時我們想，與其在空運勤務隊，天天玩，還不入進入戰車第一團輜重連學些技術開汽車，四人商量決定後，於是不回空運勤務隊了，就投入裝甲兵戰車第一團輜重連了。

上海撤退來台

民國三十八年（一九四九）四月，徐蚌會戰（中共稱淮海戰役）長江以北，半壁江山，盡為共軍所佔有，只剩下長江以南。湯恩伯坐鎮上海，為京滬杭警備總司令，陳大慶為副總司，保衛大上海。四月中旬，共軍粟裕部集結江北，隨時準備渡過大江，包圍大上海。

上海當時人心慌慌，時局動盪不安，時我們已投入上海水電路營房，陸軍裝甲兵戰車第一團輜重連為學兵。一九四九年（民國三十八年）四月下旬某日，我們正在上海市中心新新大戲院，觀看勞軍電影，當電影放映完畢，離開電影院返回上海江灣水電路營房時，突然看到滿街擠滿逃難的人潮，扶老攜幼，背著被服家當，塞滿了上海寬廣的馬路上，寸步難行。聽說：江陰要塞司令陳〇〇投共，共軍已由江陰渡過大江，已佔領崑山，包圍大上海了。

回到營房後，入夜裝甲兵戰車，疾駛在沉靜的上海大馬路上，發出轟隆轟隆的響聲，震動著地面，集中在黃埔江招商局碼頭上，我們亦移駐黃浦江邊，準備上船向台灣撤去。

此時在近黃浦江邊的住宅區，傳來少女婉轉嘹亮的歌聲，「月兒彎彎照九州。」歌聲淒涼幽怨，使異地即將啟程離開祖國大地的的我們，颯然感懷掉淚，（因為第一次從青年軍二〇五師赴台，大陸河山依在，仍抱著極大希望，從軍報國，二年後復元重回學校讀書，但此次重到台灣，何年何月才能回來，無限感傷）。

一九四九年（民國三十八年）四月二十六日，我們戰一團全部官兵車輛，擠滿船艙，（車輛停在甲板上），擠的水洩不通，連站的位置，都是人擠人，（包括眷屬小孩），船緩緩駛向吳淞口，在船上遠眺，浦東陸地上國軍官兵正在忙著構築工事，上海保衛戰，將即時爆發（此時青年軍二零四師已由青島市調來上海市中心蘇州河旁保衛上海），內心一陣茫然，看著美好河山，此次匆匆離去，何日能再回來，不禁使人感然落淚。

船出長江口，尚看到海軍艦艇，寥落停泊在海上，船行一日，船艙內突傳出嬰兒啼哭聲，原來孕婦已在船上產子，船艙內空氣污穢難聞，我與馬培華跑到甲板上透空氣，天下著微雨，我們躲在停在甲板上的車輛下蔽雨，此時亦看到蔣緯國夫人，石靜宜亦站在甲板上，風韻飄逸。

船抵基隆後上岸，乘火車抵台中縣豐原站，乘輜重連軍用大卡車，進駐台中縣大雅鄉大雅國小大禮堂，受入伍訓練。

蔣緯國夫人，石靜宜女士，在台中市創辦裝甲兵子弟小學（後改為靜宜小學），後創辦靜宜中學，靜宜英專靜宜大學。

台中公館機場的週會

民國三十八年四月（一九四九），徐蚌會戰結束後，長江以北，河山盡失，國軍退守江南，此時流亡在江南的河南臨中的流亡學生，頓失所依，迂衡當前局勢，舉足失措。在四月下旬，共軍巡渡大江，在兵慌馬亂中，不敢冒險返回河南故鄉。正在進退無著，徬徨徘徊時，此時，陸軍裝甲兵司令部貼出招考學兵廣告，張貼在街口，此時乃有同學建議，不如投考裝甲兵，暫時解決迫在眉睫的生活問題，於是報了名，當了裝甲兵學兵。由上海乘國營招商局的輪船，經二天二夜的航行，抵基隆上岸，然後乘火車到台中縣豐原鎮下車，乘軍用卡車到台中縣大雅鄉大雅國民小學大禮堂集訓，為陸軍裝甲兵戰車第一團輜重連。

記得大禮堂為木造，每逢下雨天漏雨，棉被衣服盡被打溼，生活極艱苦的條件下，過著非人性的生活，大家在艱苦中，忍受著非人性的軍事教育。當時靠近大雅約五公里左右，有一在二次世界大戰時，日據時所建一處廢棄不用的公館機場，土地廣大，荒草蔓生，裝甲兵均利用此場地，作集會場所。

民國三十八年（一九四九）八月十五日晨，部隊集中在公館機場舉行週會，約八時許，部隊集合完畢，集中司令台前排列整齊，由裝甲兵司令徐庭瑤主持，他未致詞前，叫部隊全體官兵向後轉，突然看到一部大卡車駛來，從卡車上由憲兵十個穿著裝甲兵服裝拉下車來，順排的跪在地上，憲兵用卡賓槍瞄準頭部，砰砰幾聲槍響，十名軍人應聲倒地，數人手腳尚在一番盲動掙紮中死亡。距我們所站位置約五公尺，看到被拉下一位裝甲兵，蓄著長髮，用手把頭髮向後撇開，滿臉鮮血，倒在血泊中。

當時我們正值十七、十八歲，入伍未久的學兵，嚇的魂飛魄散，全身都在發抖。然後，主持人徐庭瑤下令向前轉，面向司令台，由他訓話：「這是十位匪諜的下場，部隊如潛伏匪諜，尚未自首的，如被發覺，就是這樣執行。」

部隊回到大雅國小後，才聽人云：「這幾個人在徐蚌會時，曾經被俘附匪，後脫險歸來。」也有傳言：「是在部隊中不滿現狀，發幾句牢騷，被人密報指導員誣陷為匪諜，也有檢舉為了邀功升官。」總之在剛來台灣，軍心慌慌，殺一儆百，以穩定軍心。在那白色恐怖時，也未經過合法查証公正審判，而無緣無故草菅人命，向誰去說理訴冤。

目睹這場慘無人道的悲劇，在我這群滿懷熱血報國熱血青年，無疑是投棒嚇。滿腔熱血，化為為何莫明奇妙的投入裝甲兵，白色恐怖陰影，久久不能無法離去。

事一甲子，在世界日報上刊登此段事實（如影印如後）寫出這段事實真象。

脫離黑暗重返青年軍

駐台中縣大雅鄉大雅國小木造的大禮堂內，適逢雨季，大禮堂年久失修，被木板蓋的屋頂，大批滲漏著雨水，我們蓋的被子，包括穿的衣服，都在濕淋淋中，每天還要出操，吃著無營養伙食（每天是盆豆腐青菜），在極度艱困中生活著。有一個名叫王天傘的同連兄弟，在上海市時原是傘兵，乃在上海江灣水電路，參加了裝甲兵。來台灣後，感覺裝甲兵不好，（年約二十多歲，體格甚壯碩），乃想再回到傘兵，被輜重連抓回，拴在大禮堂的柱子上，到了晚點名時，那軍閥般的連長：徐堅，率先用竹扁擔，按在地上打屁股，每個幹部要去打十下（班長以上），痛的王天傘哇大叫，但他們這般大老粗（班長均不認識字），猛打不休，一直到皮肉開花，其意就是這群入伍生，（當時在上海招進裝甲新生，均是河南豫西洛陽中學，陝縣師範，安陽高中的流亡學生），給一個下馬威，只要在這好好的幹。但當時我們心裏想，大家都是流亡學生，在兵荒馬亂中無奈在投入裝甲兵，再加上在台中公關機場，槍決（莫明奇妙）被誣為匪諜的十個年輕人），使人心生恐懼，也對裝甲兵的暴力壓制，引起無限的反感。

此時在星期日放假時，我與同班的何炯章（河南省立洛中肄業），谷銀河（河南省立陝縣師範肄業），時廣智（時立洛陽中學肄業），偕同在台中市公園玩，很巧就遇到楚汝聰的堂姊楚蘭，親人異地相遇，格外親慝，他家正住在台中市公園對面七號，到他家中小坐。

楚蘭的先生，王道珍，軍校十四期畢業，青年軍在洛陽時，已擔任連長，來台後已升任中校副團長。部隊駐在台南縣，王副團長道珍，人很忠厚誠懇，見了我們幾個年輕流亡學生，非常高興，就說：「不要回裝甲兵了，跟隨我到青年軍二〇六師六一八團吧！」

於是就這樣我們跟隨王副團長到達台南番子田站下車，然後轉乘小火車到了佳里。楚汝聰被安排在六一八團團部擔任文書，何炯章被安排在第一營重兵器連擔任文書，谷銀河被安排在第一營第一連擔任文書，時廣智被安排在第一連擔任補給。

因為乘車南下時，我同第二營營長孫奐杰。（家亦住台中公園旁，為國劇名旦孫荔紅的父親，當時孫荔紅尚是個小女孩）在番子田下車，轉小火車至麻豆國小二營營部，我也就被孫奐杰營長留在營部，擔任幫寫工作（因為營部已有書記官），就這樣於一九四九年六月，離開裝甲兵，又投入青年軍二零六師六一八團第二營。

住入海陸空第二總醫院

一九四九年（民國三十八年）九月，青年軍二零六師六一八團二營營部駐台南縣麻豆鎮，麻豆國民小學，突然有一天起床後，雙腳發腫發麻，營部速把我送入團部衛生連治療，那時部隊很窮，根本沒有醫藥，醫官診斷後，說：「腳氣病」就每天買些粗糠，讓我們吃（說腳氣病因缺少維他命B，粗糠含有維他命B群），住有一個月無效。此時二營換防在台南安平港，適營部副官岳文生來佳里團部洽公，就帶我回營部（台南安平），住入鹽場辦公室樓下。

此時傳來金門古寧頭大捷消息，在動盪人心中，稍有安定振奮人心的效果。

緣上海保衛戰，因當時總指揮官湯恩伯將，將指揮部移往軍艦上，停泊吳淞口外，守上海國軍因指揮無主，紛紛撤退或投降，最後青年軍二零四師守上海市中心的蘇州河，南京路一帶，經過一番激戰，傷亡慘重（如果我仍留在二零四師的話，不是傷亡，就是投降。後遇到一位二零四師青年軍逃出人說，當時留亡學生一齊從軍同學，大部均壯烈犧牲，我又很慶幸自己從虎口逃生。）最後青年軍二零四師，孤軍奮戰，最後才投降）兵敗如山倒，國軍一路後撤，廈門保衛戰，又是湯恩伯在海上軍艦指揮，守廈門的五十五萬軍，亦潰敗撤守。

但五十五軍為曹福林部，係出北洋的西北軍，因此當船抵高雄，官兵一律放下武器，（高雄要塞砲對運船），官兵下船後，士兵分散，編入其他部隊中，記得當時青年軍二零六師第二營部亦編來五十五軍三名士兵，李鳳林，林鳳祥，郭小寶三名。

共軍乘勝攻佔金門，金門由青年軍二零一師固守，但共軍登陸部隊二萬餘，勢不可擋。金門島岌岌可危，適胡璉兵團由汕頭撤台途中，臨時接到命令，隨登陸金門，以人海戰術（共軍慣用），把侵入金門島上共軍，逼至古寧頭海邊，加以退潮，共軍被迫在古寧頭海邊，未戰死即投降，此即歷史上有名的古寧頭大捷。（據說，當時裝甲兵一輛戰車，拋錨在沙灘上，以戰車上的機槍掃射，也立下戰功。）

金門大截，使台灣的人心大振，此時我們部隊亦移防至台南縣七股鄉沿海佈防，營部設在三股子村，此時孫營長奐杰亦因案調職，營長由東北籍郭廷良繼任，（此時王副團長亦調副員，乃請辭在台中市開館子（名為真不同）楚汝聰亦投考警察學校，後考取法官任高分院台中分院庭長退休）。

一九五〇年五月，大批部隊由大陸撤台，台南七股海防改由撤退來台的七十五軍防守，二零六師，隨換防屏東溪州東港一帶。

七月在一次大演習中，突下滂沱大雨，我突發高燒，上吐下瀉，隨送往團部衛生連，團部衛生停了一晚，第二天一早擔架抬至屏東潮州師部醫院，尚躺在擔架上，師部衛生連不敢收，遂即乘火車轉往陸海空第二總醫院急診室。

住院期間

陸海空第二總醫院，為南京首都醫院，遷台後，院址設在高雄市六合二路，院長景慶霸少將，內外科皆國內名醫，如外科劉青彰先生（以後曾升任軍醫局長，為南部第一外科高手）。內科主任董年生，為內科權威。

我入院時，住入第三病室三十三床，已不省人事，經急救後，第二天睜眼一看，一切都是白色的，穿長白袍的邱醫師（邱玉洪廣東省人，醫術醫德均佳）邱醫師耐心的治療，很快已退去高燒，止住上吐下瀉，但雙腿已攤在床上，不能下床了，飲食，大小便，都要靠看護兵幫忙。

此時最使人感動的，就是一政幹人員文簡女士，文簡女士，矮矮的，胖胖的，當時官居政工中校，已五十多歲，尚未嫁過人，國學底子極好，一口湖南鄉音，能文能詩，也極具愛心。

記得她當時會跑到每一位重病患者身旁，坐在床邊上，虛寒問暖，撫慰著病患者的心靈，每天搖著肥胖的身體，穿梭在病床之間，實世界上最偉大的女性。

邱醫師不耐其煩的垂詢病情，對症下藥，如有疑難，每星期內科主任巡視病房，他會要求國防醫學院實習學生，不看病歷，用英文背述患者病患來歷，然後加以整體指導，我住院躺在床上不能下來達三個月之久，爾後才能下床扶杖而行，其中艱苦，我回想到奶奶，家、合起眼來會夢到他們，暗中不知流了多少眼淚。

此時常來醫院中探視我的，何炯章兄，那時大家都很窮，住院三個月，被開缺了，收入只有九元錢，當時每天盼望的是逢年過節，婦女慰勞團了，他們會帶著肥皂，毛巾到醫院慰問傷患，我們會託看護把這些東西，拿到高雄市政府後面的估衣攤上賣掉，換些零用錢買點花生來吃，有時把勞軍電影票（因為我們不能行動去觀賞，把這些慰勞電影票回來慰勞看護兵了）。

當扶杖能行時，我會跑到圖書館借書看，記得當時管理圖書的小姐，也是河南人（好像姓王），她說：「毛忠武啊！病好後，可不要再當兵了。」（當時正在推行白色恐怖時代，她是偷偷的告訴我的）

從一九五〇年七月住院，到一九四二年十月，院方鑒定已無服役的能量，乃確定要停役離院了。

當住院期間，最危難的時刻，常來醫院探視我的，只有何炯章兄了，那時他擔任文書上士，不過一個月三十多元新台幣，但有時，他拿給我十元或二十元救濟我，使我一生難忘他。

病榻老兵夜話

睜開雙眼，朦朧中只見穿白衣的護士，白袍的醫生，白色的病床，一切都是白色的。護士說：「你是昨天深夜，急診室把你用擔架抬來，住入高雄陸海空第二總醫院第三病室三十三床。」

一九四九年十一月，局勢緊張，共軍隨時有攻台行動，部隊正在南部海邊，舉行大演習。當時正值大雨滂沱，在演習中我突然發燒高燒，上吐下瀉，由部隊連夜送來高雄陸海空第二總醫院（以後改為第802總院），日夜打針吃藥，病勢得以控制，但下肢已癱瘓，無法下床行動。

一日夜晚，突然急診室抬來一位重病患者霍其山一名，安排在我的病床對面床位三十八床，面黃肌瘦如柴，二眼珠呈黃色，皮膚也是黑黃色，肚子漲的很大，呻吟床第，經主治大夫診斷為肝硬化末期，腹部已積腹水，經醫生以針管刺入腹部，流出大量濃黃血水，他痛苦的臥在病床上。

他在夜間昏睡中，自言自語的囈語：對他即將面臨的死亡，死不甘心，他哀聲嘆氣訴說著內心的話。

「一九四九年七月，我在浙江溫州海邊捕魚，七十五軍從溫州經過，被強制拉來當兵，連與妻兒話別的機會都不允許，就這樣隨軍隊撤退台灣，守台南海邊。碉堡內潮濕，缺少營養，二腿腫大發麻，接著肚子積腹水，呼吸困難，送來高雄陸海空第二總醫院時，已病入膏肓了。」

他一面哭著訴說，纏綿病床上，他似乎死不瞑目。在醫院不到一週，腹內積水又澎漲了，大的像鼓，呼吸更加急促，院中大夫又緊急作第二次針刺放水，等放水後的第二天，他已陷入昏迷狀態，第二天早上，已聽不到呻吟的聲音，他走了。

但他在浙江溫州的妻兒，仍引脛盼望著有一天能歸來，這是大時代的悲劇，一九四九給無辜的中國人，帶來的大災大難。

天涯茫茫何處是兒家

一九四九年三月，國軍淮海戰役失敗後，大部已兵敗如山倒，潰不成軍，即然存在，已是有官無兵，所以一路後撤，就一路拉兵，連小孩子都不放過，所以造成許多人類的大悲劇，鄭小寶就是其中的一個。

一九四九年春，鄭小寶才十一歲，正牽著一頭牛在田間放牛吃草，突然國軍五十五軍曹福林部，殘部經過，把鄭小寶手中牽的牛，強拉走宰殺吃了，連鄭小寶這可憐的小孩子也不放過，強拉到部隊上當傳令兵。部隊一直日夜不停的後撤，一九四九年十月，撤至廈門被共軍包圍，不得不苦守廈門。經數日戰鬥，抵抗不住，又要後撤台灣，在兵慌馬亂中，後又共軍槍砲追打，部隊拚命向船上爬逃命，鄭小寶因年齡太小，差點被擠到海中。

正在此危急萬分之際，他的班長李鳳林說：「小寶，你抱住我的腰，我帶你爬上船。」於是在許多人被擠掉在海中，鄭小寶緊抱著李鳳林班長的腰，也爬上了船，躲在甲板上一角，看著岸上共軍仍向船上射擊的槍聲中，渡過大海，逃抵高雄港。

但到高雄後，停泊碼頭，岸上大砲對準船，必須放下武器，五十五軍官兵無奈（因為五十五軍為西北軍馮玉祥舊部，中央對他不放心。）他們放下了武器，個別由船上下來，就被岸邊停的軍用卡車，分別化整為零，編散在其他部隊中。

鄭小寶、李鳳林被編入八十軍二〇六師六一八團第二營營部，當時的鄧小寶晚上還會尿床，沒讀過書，不認識字，當時有人問他：「鄭小寶，你是那裏人？」「我是安徽人。」「你家住那一縣那一村？」「我不知道。」來台的國軍，類似鄭小寶的情形，不知凡幾。

二岸開放探親，他想返鄉探親，他不知道家在那裏，真：「天涯茫茫。」何處是歸路。

青年軍二零六師

心臟病友蕭超平

一九四九年十月，我因病住入高雄市六合二路，陸海空軍第二總醫院第三病室三十三病床，突然在十一月一日這天，從澎湖轉來一批傷病患，有蕭超平君，他柱著枴杖，有氣無力，滿臉病態，走路上氣不接下氣，喘著走進來，住在我同病室的三十七床，因同病相鄰，不時吐露出他內心的心聲。

他在閒聊中透漏出他遭遇，民國三十八年（一九四九），隨山東聯中流亡到廣州，被船接運到澎湖是來讀書的，沒想到一上岸，澎湖防衛司令李振清就把他們數千學生，集中一個學校的操場上，四週佈滿了上刺刀的衛兵，硬逼他們換上軍服，也有不聽話倔強的，就用刺刀戳，看到血淋的現場，很多同學在刺刀屈服了。當時的生活艱苦，守海防，在海邊澎湖的季風很強，衣服單薄，每人一條軍毯，空氣潮濕，每天只吃青菜豆腐，營養不良，很多同學都患了夜盲症了，但班長硬逼著走獨木，掉下來了，就是腳踢：「別裝了。」也有少數硬是不聽話的，晚上睡覺時，被抓去投入海中，以後也沒人敢反抗了。

當時的聯中校長，因為替學生說話：「我帶他們逃亡出來，是學生父母託付的，要出來讀書的，如要他們來當兵，隨他們個人的意願。」誣指校長為匪諜嫌疑，被械回台北槍決了。

他因為守海防，碉堡內冷濕，冒著澎湖強勁季風，就患了風濕性心臟病吐血，轉來台灣本島治療。

雖然住進了當時設備最完善的：陸海空軍第二總醫院有良好的醫師，但那國步艱難時代，生活艱苦，也缺藥可用。有時逢年過節時，高雄市各界組成勞軍團，到醫院病室每人發條毛巾肥皂慰勞傷患，但他們不捨得用，拜託病房輕的病患，拿到高雄市府後面估衣攤上，患些錢來，買些營養食品，增加體力，只有每天躺在床上休息，這也是當時最好的一級醫療單位的唯一辦法。

一九五二年，我因痼疾退役，在兵工廠謀到一寫字工工作，突接他的一張明信片：「我住在高雄市羅斯福路民眾診療院開刀」（民眾診療乃為第二總醫院幾個主治醫師主任合開），以二總外科主任為院長技術非常高超，我在星期天，買二罐牛奶去探望他，他當時氣色要好多了，他說：「這條命是撿回來的，倖有民眾診療外科內任劉青彰執刀，把他的心臟病開好了。」開刀後，他逐漸康復。

一九五六年，我任職我在高雄縣路竹鄉竹滬國小任教，他來信說：「已轉送南梓榮民之家。」

一九七一年，我擔任嘉義縣政府教育局第四課長主管體育營養午餐，赴南投縣出席觀摩會，在竹山國小遇到他，他已從花蓮師訓班畢業，在南投縣竹桶國小擔任教員，以後又接到他結婚的喜帖，他結婚了。

同病相鄰的李滿銀

當一九五〇年二月，我住入二總醫院的第四個月，有一天突又看到雙手柱著枴杖，從澎湖轉來二總醫院治療的李滿銀。與他聊起，他操著一口河南土音。他說：他是個沒出過遠門的河南省舞陽縣的鄉間人，一九四九年三月，他正在田間耕田，聽到軍隊要經過，趕快就背著鋤頭返家，當他走在村頭時，已來及了，就被軍隊當場抓走，連與父母說聲「再見」的機會全都沒有，（當時他十九歲），就這樣被強逼抓走了，（當時是李振清的四十軍）。

部隊由廣東汕頭撤到澎湖，因守海防，澎湖風大潮溼的得了關節炎，雙膝蓋發腫了變形了，仍抱著步槍守在海邊，後來轉送到第二總醫院，但已變形了，回天乏術。

但他剛來醫院時，住到我的鄰床，（第三病室三十四床），每至深夜，痛的在床上叫喚哀鳴，護士無耐，也只是尊醫生的話，吃治痛藥丸，雖然被多次哭哀聲驚醒，但我也只有忍耐再忍耐，並以好言安慰，那又怎麼辦呢？

他的病稍好些，我倆是河南同鄉，會邀他互相攙扶，走到二總醫院門口邊，河南人開的小吃店，叫二碗牛肉麵吃一吃，後又攙扶回到病床上。以後又互相攙扶，到高雄市新興戲院看場電影。

談起他的被抓當兵的辛酸，病痛思家，忘不掉家鄉的父母弟妹，禁不住熱淚盈框。以後我停役離院，進兵工廠以後教書，民國四十七年（一九五八年）六月，我往台南永康榮民之家訪友，尚看到他，柱著拐杖，在院中散步。我臉向旁一邊一橫，我看到他孤獨的背影，我也鼓不起勇氣向他打招呼，安慰他。

海內存知己天涯若比鄰

金瑛，也是我在第二總醫院的患友，在我住院後的第五個月，他入院時，臉色發黃，浮腫，（診斷為腎臟炎）。

他是浙江杭縣人，才十九歲，但很有才華，他也是一九四九年四月，由上海進入裝甲兵戰車第一團，（後改裝甲兵第一總隊）在南部大演習時，病發住入二總。他文學素養頗佳，愛寫作，（筆名人主），病中常與我談及有關文學的事情，當時著名作家徐訏，名作巨著著：「風嘯嘯」一書，就是他推荐我閱讀的，也是我接受新文學最欣賞一部著作。

常聊及：「紅樓夢」黛玉葬花趣事，從此雖在病痛中與他聊天，漫步院中，津津樂道，相談甚契。常把歡至深夜，敘至天明，此一余平生談得來的至友啊！但可惜他多愁善感，正值十九歲，已患腎臟病，住院長達一年餘，當我核准停役離院時，他仍呻吟病榻，臨行依依，難解心中之痛。

爾後，我進入兵工廠，聞他已轉院台南市後方醫院，我曾去台南探望他，一敘情愫。臨走時我濟助他他新台幣三十元，（當時住院，士兵每月台幣九元，我在兵工廠之可收入九十餘元。以後再無得到他任何消息，想年輕的他，已葬身大時代的悲流中。

第七章

兵工廠生涯

六〇兵工廠繕計工

一九五〇年（民國三十九年）七月，我因病住入高雄市六合二路陸海空軍第二總醫院第三病室三十三床，能經常來院探視我的，只有好友何炯章兄。

何炯章河南宜陽人，在流亡學生途中，流浪逃亡，同患難共艱苦，從上海同條船來台，在艱苦歲月中，他拿出微薄收入，接濟我，給我鼓勵支援，使我在病危艱困中，度過，病痛難關。

一九五一年十月一日，病始能逐漸恢復健康，奉聯勤總部核定停役。但出院後，未來路如何走，在舉目無親下人海茫茫中，不知所措。此時：何炯章兄伸出援手，他在省立洛陽中學的老同學，馬克光已在六十兵工廠任職，靠他的鼎力協助，乃能在兵工廠謀一寫字工工作，方能暫時棲身。

六十兵工廠，原為南京金陵兵工廠，漢陽兵工廠，河南鞏縣兵工廠，遷台後合併成立之大型兵工廠，位高雄工業重鎮前鎮，是國防技術單位，而我非技術人員，而被安排在品質控制室工作。

品質控制室，在台灣尚屬首創，開始是由陳尚堯少校工程師負責擘劃，陳工程師，安徽省人，國立西南聯大化工系畢業，為了策劃品質控制度、技術方法，翻譯英文資料，廢寢忘食，不眠不休，介紹到我國，其厥功至偉。一九五四年（民國四十三年）五月，陳工程師調任技術處，由邱發恒中校工程師接任。

邱工程師河南省洛寧縣人，國立西北大學冶金系畢業（兵工廠退休後，轉任高雄大煉鋼廠工程師，對建廠工作，貢獻極大。）中英文造詣均佳，學問淵博，做人做事，恰如其分，對部屬從不嚴聲厲色，尤其關心部屬。記得民國四十幾年時，由大陸來台某檢驗工，因單身來台，思念家鄉，神經有些失常（該檢驗工，係河南孟津人），他一再把他請到辦公室，勸說開導，甚有耐心愛心。但該員最後想不開，走向自殺一途，幸經人救助，送入高雄市二總醫院附設民眾診療院救治，邱工程師派品控師同仁，日夜到醫院照顧，其悲天憫人的胸懷，值得人敬佩。

品質控制室，設檢驗工數十名，分置各生產線上，做半成品檢驗工作，如發現產品不合規格，即通知機器操作工，換製品的機器上的模型，到合格為止，然後將檢驗表填妥後送呈品控室辦公室。辦公室設技術員二人，皆兵工工程學院，造兵系畢業。下置統計分析工六人，皆台灣省立台南高級工業學校及省立高雄高級工業學校、機械科或化工科畢業，統計分析各生產線上瑕疵情況，用曲線製成圖表，供廠方及各製造單位研改。辦公室由領首李忠武負全責指揮，李領首為人精明幹練，係上海人，我擔任管理人事出缺席，繕寫表格，保管財產文具諸工作，大家和睦相處，生活上堪稱安定。但想到自己非學技術人員，久呆在兵工廠，混不出前途，日日憂慮不已。

住的方面：建有二棟鐵皮屋二棟，分隔成許多房間，每一房間，置木床四張，上下舖，可住八人住，下班後，誰也不管誰，自由行動。有的騎腳踏車到高逛街，也有到茶室泡茶，上彈子房打彈子，形形色色，五花八門，非玩到深夜十二時，不返回宿舍，到宿舍後，吵雜聲不斷。於是我，決定搬到距兵工廠鄰近鳳山市五甲村自付租金，租屋居住以求寧靜，距兵工廠上下班只二里左右，尚稱方便。

白天上班，每天下班後，騎著腳踏車到高雄補習班，補習數學，大代數，解析幾何，兵工廠晚上也設有國文古文班，由總務處文書課長講解。他是江蘇人，國文造詣很深，文句剖析透徹：如辨姦論，留侯論，范增論，刑賞忠厚至之論，進學解，原道，前後出師表，論述性文學，他講的非常好，我也利用每天上班前的時間，在住所附近稻田邊頌讀。每天早上，也必遇到背著書包，往省立鳳山中學去讀書的陳飛龍同學，開始我們互相打招呼，時間久了開始交談，他對國文方面，文學上特別有興趣，我倆愈讀愈投緣，以後慢慢變成莫逆之交。他鳳山中學畢業後，考取國立政治大學國文系，讀完大學後，又考取政大國文研究所，獲國家文學博士學位，任教政大，中央大學教授及系主任等職。

台灣南部，民風純樸，尤其老百姓，更是厚道，我在租屋五甲村時，房東楊鈴木全家老小，把我視如家人，每天上班出去，屋門敞開，不用鎖，我們推誠置腹，房東的小孩子，正讀小學，數學不懂時，都跑到住的房間問我，我也一一仔細解答。逢週日休假，房東做好的早點，堅邀我食用，沒有本省人外省人之分，可為美談。

兵工廠工人，龍蛇雜處，同仁下班後，都跑去泡茶室上蛋子房，得過且過。他們看到我下班後，積極進修後，就有人諷刺說：「工字不出頭，出頭就入土了」。也就是意工人沒出頭天，但不為我所動，仍進修苦讀不已，四十五年我取得了「教育部學力鑑別考試高中同等學力証書」，四十六年參加國小教員檢定考試，結果一試竟及格了，工字也出頭了。

六〇兵工廠

給兵工

早晨，
浴著熹微的晨光，
挾著便當盒子，
走出眷區，
越過光滑的柏油馬路，
來到工廠。

＊　＊　＊

拉開電扭，
飛輪轟轟的旋動，
汗，

留到眼角，
滾上了鼻尖，
顆顆的滴在地上；
他「她」們深切的明瞭，
用自己的勞力，
才能產出反攻復國的力量。

＊　＊　＊

夕陽，
還沒落山，
幌動著一群群的黑影，
一步步，
走向歸途，
一天的辛勞，
此刻得到了恢復與溫暖。

三民主義講習班學員佳作特輯

秋風憶故鄉

陣陣海風夾著熱浪，吹拂身上帶來了烘烘微熱。過久了亞熱帶島上的氣候，也就感覺不到這是春，是夏，是秋了；看看日曆不僅使人啞然失聲，「啊！是，深秋了。」

北方的故鄉，深秋時節，萬里晴空，薄雲碧蒼，微風吹拂，滲入心弦。瞻眼遠眺，群山起伏，麓羊群朵朵蠕動。小河依村縈繞，水徹見底，游魚悠悠漾浮，顆顆可數。雁群長鳴，劃破沉靜的長空。而滿野村農笑聲喧騰，忙著收割，欣欣往返。年輕婦女依門佇立，針針縫製冬裝，向村漢頻頻微笑。

幼年時我愛迎著拂面的秋風隨木同上坡趕羊，追逐遊戲，笑聲在山谷迴蕩。旁晚垂釣河畔，聽牛鈴「噹噹」而過。有時穿上姐姐新裝冬衣，隨父上田，引起好多鄉漢取笑圍觀。

故鄉的深秋，帶給人沉靜而忙碌，嚴肅安謐中的歡樂。

又是深秋，臺灣天氣依然酷熱。不禁引起我對故鄉無限的關切與懷念。

反攻的先聲

革命的洪鐘在響，
反攻的號角嘹亮，
教室內，
青草場，
三民主義忠貞的信徒，
激起澎湃研讀的熱浪，
統一理論，
實踐力行，
心似鐵，
氣如虹，
衝破緊扣着的鐵幕，
使革命花朵，
開放在，
大陸錦繡河山，
每一個角落上。

愛河　高雄

江山壯烈一烈士

民國三十七年三月（一九四八）豫西洛陽為共軍攻佔，豫西各省立學校，包括省立洛陽中學，省立陝縣師範學生均流亡江南。

三十八年（一九四九），共軍百萬大軍渡長江，此時的流亡學生，在此動盪的局勢下。當時我與何炯張均為豫西同鄉，特別要好，住在一個班內，從早到晚，無話不說，感情也特別的要好。由於剛來台灣，水土不服，我臥病住入高雄市陸海空軍第二總醫院，病況危殆，常到醫院來探視，炯章兄也。並以微薄薪資，與之濟助。

民國四十年（一九五一）我因病退役，進入六十兵工廠任繕計工作，暇日常到五塊厝營區找他相敘時，喜聞他考取陸軍通信學校（當時載波電台剛接受美援裝備），未及談久，他即匆忙上路，趕往通信學校報到。

民國四十二年七月間，炯章兄由通校載波電台專業訓練畢業，來到高雄市相敘，我特別請了一天假，陪他同遊愛河，渡過海到旗津吃海鮮，又在光復戲院觀賞了一場電影，開懷敘舊，狀至愉快。

一九五三年元月，大陳島一江山孤島，戰雲密佈，風雲緊急。一日突接他親筆限時信一封：「我主管的載波電台，奉命調往一江山，軍人以服從命令為天職。」接到信後，一時捏把冷汗，這也是摯友炯章最後的一封信。

未久，一江山戰火揭幕，共軍陸海空軍，瘋狂向彈丸小島攻擊，彈如雨下，戰況空前激烈，守軍幾乎全部壯烈成仁，何炯章的載波電台，緊隨著守軍司令官王生明上校左右，王生明指揮所的碉堡，被砲彈擊中，「轟」的一聲巨響，碉堡被炸毀，王生明上校、與何炯章所主導的載波電台，均人毀身亡，壯烈成仁。

消息傳來，天崩地裂，山哭海泣，整整一週，我心情激動，茶飯失序，悲痛之情難以自抑。事隔數十年，每憶及此事，心中仍一陣陣悲慟。

民國八十年（一九九一），兩岸開放，返鄉探親，聽同學說：其白髮蒼蒼的老病母，仍在返鄉同學們間，探聽他兒子的消息。幾次：我想親自到宜陽縣趙落鎮，向他年邁老母親親口敘明，炯章兄壯烈成仁經過。但又怕他年齡太大了，受不了這惡耗的刺激，發生悲劇，忍之又忍，無勇氣前往。面對此一場面，如不講明，老母心中仍有一絲希望，炯章兄仍活在世上，她仍盼望著愛子的歸來，我只有隱忍這段悲壯的故事，使他老母活在希望中。

樊傳玉涉嫌匪諜事

民國四十二年（一九五三），我在高雄市前鎮成功路，台灣鋁廠擔任保警的同鄉何清濱處玩，遇到他的一位剛自軍中退役的朋友樊傳玉，沒有工作，就拜託我，看兵工廠需不需要人。

當時我在兵工廠擔任繕計工作，兵工廠需要招雇一批臨時工。於是我也就未加考慮，給他介紹到六十兵工廠擔任了臨時工。被安排在第十五製造所軋片部工作，軋片部的工作，是要從火爐中取出銅板，放在軋片機上，壓軋成銅片，剛從爐中取出的銅板，溫度極高，工作人員脫掉上衣，汗流夾背，樊傳玉為了生活，也在每天上班苦幹，拿勞力換生活費，尚稱平安。

鋁廠同鄉何清濱君又認識也在兵工廠服務的焦伯祥先生，焦先生一天也在鋁廠何君處，得知樊傳玉在未退役時，連上曾發生匪諜案，焦返回兵工廠無意間聊天，乃談及此事，就有多心人將消息報告六十兵工廠政治處。民國四十二年間，檢肅匪諜，如火如荼的展開，兵工廠為國家高度極機密單位（防共諜進場破壞）。政治處獲悉後，迅速通知我到政治處第四課詢問（主管保防工作）。

當時我一接到通知，要到政治處去，嚇的一身冷汗，一位上尉保防官問：「樊傳玉可是你介紹進廠工作的？」我坦然的回答：「是的。」他板起面孔說：「你可知道他過去是幹甚麼的？」「我不清楚，是鋁廠一位同鄉介紹的。」，他嚴肅的說：「從今天起，你要負責跟蹤他，每天到政治處向我報告。」返回辦公室後，懊惱極了，「真是管閒事，落不是。」我每天白天辛苦上班，下班後我又要到高雄市上補習班，自修上進，那有時間再去跟蹤他，這下可把我害慘了，心中愈想愈是納悶。

我就去鋁廠把上情告訴同鄉何清濱君，何君說：「那就讓他辭職好了。」回廠沒多久，樊傳玉真的辭職走了，從此政治處再也不找我問話了。

後聽說樊傳玉又跑到嘉義市布袋海邊找到鹽警工作，（他是湖北人，青年軍二〇六師六一六團青年兵退役，山東某高中畢業）。

從此以後，我對朋友如不認識，再不做介紹人了。

第八章 擔任小學教師

高雄縣路竹鄉竹滬國民小學

我經台灣省教育廳試驗檢定考試及格後領到國民小學初級級任教師合格証書後，經高雄縣政府派任路竹鄉竹滬國民小學服務，學校校舍位於路竹鄉（為立法院長王金平的故鄉），地處海邊，鄰近新大港，盛產牡蠣（為台灣名產阿仔煎原料），學童皆漁村子弟，樸實無華，當時的小朋友，不管春夏秋冬，均赤足走路上下學，形成台灣小學生一大特點。

學校十二個班級，我被派擔任三年乙班導師。校長洪仲仁先生，本鄉人，（其父洪崑泰時任路竹鄉鄉長），日據時代舊制師範畢業，（初中畢業生考），為人和藹，辦學經驗豐富。在台灣讀師範者，皆為家庭貧寒之資優生（因師範生係公費，公家供食宿服裝，每二十幾個初中畢業生，才能考上師範，故畢業生服務品質極為優良），學校仍保持日治時代優良樸實勤奮校風，老師素質亦好。除校長教導主任外，一個老師一個班級，同仁們兢業業教學，每個月舉行觀摩教學一次，觀摩會後，開會檢討教學者優缺點，供觀摩者以後教學參考。

學生亦樸實努力念書，四十六度畢業生，考取省立岡山中學者，有謝武司等六名同學。教師們進修風氣亦佳，如蔡博翰老師，考取四十六年度初中教師檢定考試，公民科及格。厲稚明老師考取全國性教育行政普考，我亦考取教育行政普考。地方人士，對學校風評亦佳。

鄉村農民漁民生活樸實，每逢農曆七月，例行舉行大拜拜，每家皆設宴，亦邀請老師參加。由校長洪仲仁率領下，全校老師赴宴，竹滬村街上，每一家庭門前均備有盛宴，我們吃了一家，接著又是一家，每家家長殷勤勸酒進菜，敬愛老師的真情流露無遺。

學校校舍為明朝末年，明寧靜王故居，學校門前有大榕樹壹棵，即為寧靜王所種植，百年來仍存活著，已延到第二代新樹。竹滬村民，皆為寧靜王屬下的後裔，原明寧靜王，朱術桂，封邑在大陸東北，明朝末年，清兵興起後，因戰亂關係，率所屬人員，南奔福建，隨鄭成果反清復明來台，隨屯墾於竹滬一帶。鄭成功死後，清朝派水師提督施琅率軍攻台，鄭成功孫鄭克爽投降，朱術桂聞訊後，隨賦詩一首：「亡命流海外，為留幾莖髮，如今事畢矣，祖宗應容納。」即自縊死亡。其墓埋在竹滬村南郊區，（我與厲稚明老師偕同前往參觀。其五名妃子，亦相隨自縊死亡，葬於台南市近郊。）

竹滬村南邊，建有寧靜王朱術桂廟一座，村民一年四季膜拜，每年農曆五月，為寧靜王忌日，高雄縣長：陳皆奐率地方首長士紳，前來祭拜，一時盛況空前。

竹滬村民，皆東北籍寧王屬眾後代，聽說我與厲老師（江蘇籍），皆避難來台，備受當地民眾尊敬。

台北縣八里國民校小學

一九五八年（民國四十七）暑假，我又參加台灣省國民小學高級任教師檢定考試，又一試考及格了，經台北縣政府派任：台北縣八里國小高級級任教師。為求進一步進修，北部機會比較多，一九五八年（四十七年）暑假，我辭去竹滬國小初級任教師職務，赴台北縣八里國小報到。

八里國小：地址八里鄉訊塘林，靠近台北市近郊，與淡水隔河相望，背依觀音山，面對台北港，風光明媚。學校二十四個班級，校長郭連三先生，河北省人，曾任中學教師，一九四九年隨流亡學校逃難來台（其夫人係河南流亡學生，逃難中結縭來台），相敘後，原係同鄉，中午並邀請到他校長住的宿舍，吃餃子，對我相當器重。教務主任單長平先生，山東縣單縣人，其夫人洪完女士，為八里當地人，亦係八里國小老師。單主任聰明幹練，（後升調永和市頂溪國小校長），我被派擔任五年乙班導師，五年級共三個班，五甲班為楊新民老師，安徽省人，一九四九年前、曾在故鄉任區長，曾與土共打游擊多年，學驗豐原，國文底子甚佳，丙班俞雍老師他亦為流亡學生，來台後被編入台灣省青年文化工作團，後入台灣省立行政專科學校畢業，江蘇南京人。他利用晚上下班時間到法商學院補修學分，（後省立行政專校改為省立法商學院，准前行政專校畢業生，補修學分，然後發給大學文憑。）

民國四十七、八年間，國小高年級升學補習盛行，經家長要求，我們五年級三個班，給志願升學同學，放學後合在一起補習。楊老師擔任國語，我擔任數學，俞老師擔任社會，服務期間，至感融洽愉快。

四十八年度漫長的暑假，與同仁楊新民，俞壅，于務寬等，偕伴到淡水河出海口八里海水浴場去游泳，八里海水浴場，靠近學校後面圍牆外，距學校約二百公尺，海沙平坦，海浪亦小。到了暑假，台北市區成群結隊的民眾，來到八里海水浴場游泳，海水平靜無波，近海附近海水僅及腰及頭部，海底亦甚平坦，無危險性。游泳遊得累了，可躺在沙灘上晒陽光浴，望望海天無垠，海風由海上吹來，沁人心弦。故整個暑假，與同仁等大部分時間，均泡在海灘上，至夕陽西下，方回住處。

有時偕于務寬等同仁偕伴，攀登校前觀音山（台北附近名風景區），拾級而上，汗流夾背，至觀音山寺小憩，別有一番滋味。寺旁建有國府故軍統局長戴笠祠參觀，使人對一代偉人，敬仰不已。

八里國小旁，有義民廖添丁墳，廖添丁為日據時代義民，劫富濟貧，後被友人出賣被抓，成仁就義。廖為八里人，身殉後葬在八里國小旁，後建廟奉祀，廟前花木扶疏，為參觀遊人，絡繹於途。我與同仁等，亦常至廟前徘徊，回顧先人義行。

在四十八年度的暑假，就在愉快中度過！

臺北縣八里國民學校第十四屆畢業生合影留念
民國四十八 七、四

戴笠忌諱十三　偏逢十三

「十三」，在西方人士，認為是一個不吉利的數字，因此很多人，在辦喜慶歡喜事時都避開「十三」。中國人受西風影響，對這個洋迷信，也漸有所顧忌。國府前特務頭子戴笠就是一位，他忌諱「十三」，卻偏又遇上「十三」。

一九四六年三月十日，戴笠在北平（即現在的北京）懷仁堂主持總理紀念週時，當眾說道：「軍統局十幾年來，以鐵與血，苦鬥不息，社會公正之士，自有評鑑，事真正革命者，必不計較於個人的權位名利，我們要革命，絕不放棄責任。」

當時戴笠的情婦，及紅遍中國的電影名星胡蝶，正在上海，他在演講結束回重慶前，想去上海與胡蝶相會。

第二日想返滬時，一看日曆是「十三」，便改去天津，他一生最忌諱「十三」，認為是不吉利的數字。原來在他未出生前，家裡發生了火災，祖宅然燒起來了，恰巧此時，突然烏雲驟起，下了場大雨，撲滅了大火。所以，他父親便給他取個名字叫「春風」，取「春風化雨」之意。

一九二六年，他進黃埔軍校的時候，即將戴春風改為戴笠，字雨農。因為火是五月十三日發生的，戴笠因此便對「十三」這個數字忌諱起來。

他出生於一八九六年農曆八月十三日，他遂把生日改為十四日。他在西安時，曾去看政府為他修葺的一棟新別墅，看見門牌號碼是「十三」，便勃然大怒，命人把警察局長蕭紹文叫來，劈頭就問：「誰定的這門牌號數？，你們把它給我改過來，改為甲十四號。」

一九四六年三月十六日，戴笠由濟南轉往青島，十七日上午十一時，他到達青島，乘車至郊區四方：滄口飛機場。此時烟雨朦朧，送行的人都勸他延後一日登機。

他說：「我已報告委員長，定於三月十八日趕回重慶，面陳重要公務，不能延期。」

他正沉思未決，忽有一氣象人員報告說南京天氣良好，戴笠點頭，如上海不宜降落，尚可改飛南京。戴笠決定按時起飛，十一時，DC47型222專機按時起飛升空，不料飛機起飛後，直到十七日下午，仍沒有接到戴笠的電報。

按照一般慣例，戴笠每到一地，都要給毛人鳳一份電報，這次反常的情況，使得毛人鳳親自打電話問重慶總台，並令總台回南京上海訊問戴笠的消息，答覆是222專機，飛到上海、南京上空，由於兩地都是大雨滂沱，已不知飛機去向。

當時，軍統局已有人趕到南京江寧縣板橋鎮南面的岱山腳下，知有飛機已撞山失事。

戴笠是三月十七日起飛，那天正巧是農曆十三，人們因而嘆曰：「戴笠生於十三，忌諱十三，卻偏逝世於十三。」真是命也。

在台灣士兵的心聲

何迺祚君，為余豫省的同鄉與余私交甚篤，一九六八年，時余任教於台北縣八里國小，他任職於台北近郊防衛大台北的衛戍部隊某師的軍醫，他常與余聊天，他說：一天下午，突然營房的樹林中，傳來一槍聲，很多人聞槍聲跑去看，原來是政治部一名文書上士，用卡賓槍自殺：據聞，他是思念家中父母想家，常悶悶不樂，他的上司科長和同事，都疏導和勸過，仍無法解開他思鄉之情，仍走向自殺之途。

未久師部通信連一名通信兵，自覺懷才不遇，開了小差，後被憲兵抓回，關了禁閉。

士兵自殺，多於逃亡，早日自殺多半自己一人，到了後來演變成先殺他人，再殺自己，連排長指導員首當其衝，主因是管教士兵結怨。聽說一名指導員，被一名士兵槍殺，士兵隨後舉槍自殺。

某連長，因管教士與該士兵結怨，而他卻不知，當他考取留美，快離開部隊時，這名士兵拿了槍：「老子不要你留美。」給這連長一槍，然後自己一槍。

某連一士兵，星期天放假出去玩，晚歸了，連長責備了他幾句，他心中鬱悶又沒錢，一肚子怨氣，連長一句話等於火上加油，晚飯後，連長與指導員，正在連長室打百分，該士兵持卡賓槍前往說：「對不起。」就照連長指導員身上掃射數槍，然後自殺。

當時的部隊士兵為何潛逃自殺呢，潛逃多半是想改變現實，找一個較好的地方生存，自殺多半是心結想不開，原因不外是：

一、思親又不能通信。大陸赴台士兵，志願者少，多半是抓壯丁或騙入軍中。何迺祚說：「我當官時的看護兵是大陳人，據他說：「那天很多人被騙去是修堤防的，後來上了船，開到台灣，太太等他回家吃午飯呢？無緣無故的被騙入軍隊當兵！」「志願當從軍的士兵，同樣的也思親心切啊！」

二、待遇太差，生活太苦，我當少尉醫官，月薪五十四元扣掉二元保險，實得五十三元。上等兵每月薪俸只有九元，星期天放假外出沒錢花，當時的順口流：「阿兵哥，真囉唆，沒有錢，話還多。」軍中吃得伙食很差，早上的豆漿如水，加一個饅頭。中午呢？開水煮綠豆芽或煮青菜，守海防的沒有青菜吃，有幾條半寸長的小魚乾。後來配給每個士兵一斤魚加一斤肉，一、二餐就吃完了。冬天一條軍毯在海風颯颯下，不足以禦寒。

三、當年的部隊，多是守海防或戰鬥訓練，守海防要站崗哨，頂著寒風，時刻要擔心水鬼摸上岸來。據說：「守金門時，一個海鬼摸上來了，用小刀刺殺一守衛哨兵，防衛司令劉玉璋大怒，用連座法將他的連長，當場槍決。」海邊風浪特大，天天看著浪花捲起千堆雪，士兵覺得乏味。戰鬥訓練，營、團、師級要五天到七天在野外，風吹雨打，間帶的麵餅，被雨淋濕化了，也得冷吃下去。有一次凌晨四時，營的拂曉攻擊，由觀音山下來到關渡，污泥深及膝蓋，夜晚和衣而臥，那有洗換呢？很多士兵患了關節炎。

四、看前程茫茫，士氣消沉，很多士兵有牢騷，保括志願從軍的，何迺祚說：民國（一九五四年）四十三年，有一位青年從軍的中士班長，年齡不大，他有一次發牢騷說：「有甚麼好幹的？排長調升連長，連長調走了，老子還是一個大兵，甚麼前途後途，都是一蹋糊塗。」我勸他報考官校，他說人到走投無路時，要找書本考學校，他根本聽不進去，人過於消沉，就容易輕生。

五、老弱殘兵，長期病號，常見部隊上有患關節炎，雙腿麻木，發腫，因缺少營養，士兵多患有夜盲症，到了晚上，像瞎子看不見，久病的士兵，生命活力也減低了。

六、他們駐防金門時，有一次當時的國防部總政治部主任蔣經國，來金門視察，深入基層，訪問一位士兵：「你為何來當兵？」這位士兵哭喪著臉說：「拉壯丁把我拉來的。」事後蔣召見指導員責備說：「你們的政治教育怎麼教的。」這一老兵講的是實話啊！

軍中悲劇罄竹難書，以上僅是一部份冰山一角，其中更有大部鮮為人知的事實。

第九章

擔任初級中學教師

高雄縣立阿蓮初級中學

一九五九年二月，我又參加：台灣省教育廳主辦的中等學校教師檢定考試，一試竟然初級中學教師及格了。

志願台北縣服務的目的，因台北大學多，人文薈萃；進修機會較多，但台北近郊，人口密集，蔬果均由中南部運來販售，鄰近台北市郊區，淡水八里一帶，蔬果要比台北市區還要來的貴。四十八年時，教師待遇菲薄（每月薪資新幣一百五十元左右要付房租、伙食費），生活清苦。

初中教師檢考及格後，如同仁楊新民其他同仁建言：如你辛苦去讀大學，畢業後也是教初中，現既然取得初中教員資格，又何必留在北部，受生活上的煎熬呢？自己熟思考慮後，一九五九年（民國四十八年八月一日）接了高雄縣立岡山中學，阿蓮分部的聘書，經考慮後，決定應聘到那裏教書。

岡山初中阿蓮分校，位南部風景區大岡山畔，二仁溪旁，校長為台灣省雲林縣人，台灣大學畢業，見面後，表現非常親惹，學校十二個班級，我應聘報到後，於十月一日獨立設校，定名為高雄縣立阿蓮初級中學，教導主任郭篤律，我被派擔任初一乙導師國文，初二歷史，學生大部來自阿蓮鄉，山區田寮鄉，部分來自岡山空軍眷屬（有名歌星姚素蓉讀二年級我教他歷史，歌星吳靜嫻我教她國文）到中學校任教後未久，我就自己發覺走錯了一步路，後悔莫及。因為台北附近學生素質要比南部好，我在八里國小擔任五年級導師，學生為了競爭升初中，好的學校（如想省中尚有十餘個優秀生，教起來有一種成就感。）但到這縣立初中後，好的學生，均被省中選去了，考不取省中，才進縣中的，都是一群不努力的學生，對功課缺少興趣，教起來雖賣力去教，但學生學習興趣少，教起來非常吃力，教學效果事倍功倍出力而不討好。

縣立阿蓮初中，地處僻偏，教師素質複雜，還夾雜著很多的代課老師，而校長顏凱雲心胸狹窄，對外省人有偏見，再加上中學老師是聘任制，隨校長好惡聘用，教師職業無保障，部分不合格教師（代課教師因不具教師資格），求一張聘書，拍馬鑽營，無所不用其極，故老師與教師之間，勾心鬥角，互相傾紮，我因不了解情況，無故跳進是非之地，為自己一時失察，悔恨不已。在此環境下，只有自己看書熬夜，參加高考教育行政了。一九六二年，高考教政及格。我終於鬆了口氣。而我教的畢業升學班三年忠班，在我的督促下，竟然考上中省立岡山高中部朱榮吉、劉義雄等九名，是心可告慰的。

但不幸的事終於發生了，因為看書熬夜，在一九六三年（民國五十二年五月底，畢業班學生畢業典禮後，由家長會請酒宴，吃罷謝師宴後，胃部即感不適、頭部暈沉、並有些發燒，迅跑至鄰近鄉衛生所看診，被誤診為感冒，吃藥無效，有嘔吐現象，又迅到岡山空軍醫院民眾診療處救治，又被誤診為胃痛，吃藥仍無效果，病情日益加重，再跑到高雄市陸軍八〇二總醫院附設民眾診療院。很幸運遇到八〇二總醫院內科主任董年生先生（董主任醫術高超經驗豐富，他用手翻看我的眼皮說：「急性肝炎，很嚴重，除大小便外，只能躺在床上靜臥。」聞此言後，萬念俱灰，回想我離家出外流浪，遭遇艱苦歲月，落得如此下場，真是一切都完了，只有抱著生死有命，富貴在天了！

在醫院中，躺臥在病床上，此時，不停的胡思亂想，夜晚會夢到奶奶，抱著她哭著醒來，仍然是天各一方，淚灑枕邊。

病中，過去服務過機關的同仁、同鄉們和教過的學生也常到醫院探視，但都是好言安慰，難壓心中的悲痛啊！

還算幸運遇到名醫董年生先生，經二個多月的住院治療，逐漸康復。在醫院休養時，遇到臨床亦是肝炎的張先生，談起二二八事變的經過。

（由他太太口述）

高雄縣立阿蓮初級中學

校　歌

詞：毛忠武
曲：吳世宗

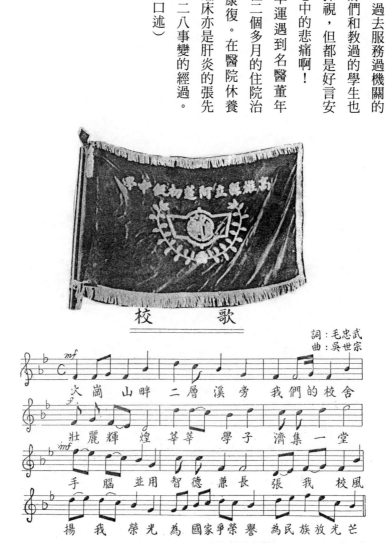

mf
火崗 山畔 二層 溪旁 我們的校舍
f
壯麗輝 煌 莘莘 學子 濟集一堂
mf
手 腦 並用 智德 兼長 張 我 校風
揚 我 榮光 為 國家爭榮 譽 為民族放光 芒

三忠

我們的導師

毛忠武老師

三忠全體同學

阿蓮初中歌壇二奇珀

姚蘇蓉是我在阿蓮初中教書時，她讀初二，我教她歷史課，學業成績也不錯，聰明活潑，愛舞蹈唱聲，在學生群中，頗出風頭活躍，曾代表學校參加舞蹈比賽，獲得優良成績。

一日上課鈴聲響了，尚未發現她到校來上課，老師們正在緊張之際，突然看到她衣衫不整，赤著雙腳，狼狽不堪的樣子，跑到學校來。大家驚問之下，她說出原因：原來她爸爸是江蘇人，在空軍官校當機械士官，媽媽是四川人，曾在四川唱川劇，她是收養的養女，他媽後來嫁給年紀大老實的爸爸，由一九四九年，大陸河山變色，隨軍撤台來台，定居在岡山空軍眷區成功村。剛來台灣時，軍眷生活艱苦，每一戶分配一間平房，房子很小，前面為客廳，後面隔一個小房間是臥室，他老實的老爸，就睡在客廳中，他同媽媽與媽媽的男友（陸軍上尉年輕軍官）住在臥室。一日夜間，姚蘇蓉放學回家，媽媽的男友突在半夜，對她不規矩，她在驚慌下來不及穿好衣服，狂奔離家，跑到阿蓮村同學家躲藏，所以來不及上學遲到了。

未久，她媽媽的男友（陸軍上尉），開著軍用吉甫車到學校來尋找，要帶她回去，姚蘇蓉躲在教室內不敢出來，乃由老師們上前勸說：「她現在年齡還小，就是要結婚，也要等她初中畢業以後。」在眾多老師勸說下，其媽媽男友上尉才悻悻的離去。她放學回家，其父是機械士老實人，急得放聲大哭，也拿不出好的辦法，因為他是怕年輕唱過川戲的太太，出了哭以外 別無他法。

一九六二年（民國五十一年）的暑假，姚蘇蓉以優異的成績，讀完初中，考取省立岡山高中部，在她尚在高中讀書時，她媽媽的男友，迫不及待強制與之結婚，婚後並生一子。姚蘇蓉為衝破黑暗歲月，偷跑至岡山正聲廣播公司正言廣播電台，參加舉辦之歌唱比賽，而獲得第一名，而走紅，尤其唱：「我為甚麼不回家。」一曲，好像訴說著她的一段親身遭遇的悲慘史，聲聲動人心弦，故有「淚聲歌后」的稱號。

我在五十二年執教於林園中學時，看到她出現在黑白電視上，聽到她哀怨的歌聲，她終於掙脫不幸婚姻的枷鎖，而邁向日益風行的歌壇，走紅台港二地。這是高雄縣立阿蓮初中培養的第一顆奇珀。

吳靜嫻：也是岡山空軍康樂村子弟，民國四十八年的暑假，考入高雄縣立阿蓮初中，我正擔任她的導師，教她國文，她因個子長的高，排隊站在第一名，上課坐在最後一排的女生坐位（男女合班，分開坐），所以教過她的課的任課老師，都會認識她。

她在學校是屬循規蹈矩的好學生，平時表現踏實，從來沒人知道她會唱歌。她讀完初中二年級，因距家近的關係，轉學到縣立岡山初級中學，（原縣立阿蓮初中為縣岡中的分部）。縣立岡山初中畢業後，考入高雄市某私立中學高中部肄業時也是參加正聲廣播公司岡山正言台歌唱比賽（與姚蘇蓉不同屆），獲得歌唱第一名后冠，走紅歌壇。

民國五十二年，我在高雄縣立林園中學，擔任教師兼註冊組長時，當時剛有黑白電視，學校購買電視機一架，晚上住在單身宿舍的同仁們，會自動跑到教務處，觀看「群星」會節目。當吳靜嫻以優美輕快的聲音出現鏡頭時，使我大吃一驚，怎麼擔任她導師二年，不知道她會唱歌呢呢？並且歌聲輕快優美，實出乎人預料之外，真是人不可以貌像啊！

一日在岡山玩，遇到某同學，聽他們說：「原來她的父親任職岡山空軍新生社（空軍新生社係專供空軍官校學生週末跳舞晚會而設），上尉康樂官，有的時候，她父親帶她在晚會上一展歌喉練習，故參加正言台歌唱賽，竟出人意的一炮而紅歌壇，人不可以貌像，不一定會讀書就會出頭真是行行出狀元啊！

姚蘇蓉

三孝全體同學合影

蘇永年老師被補記

民國四十八年（一九五九年），我執教於高雄縣阿蓮初級中學，住在單身宿舍中，一日早上五點多鐘，剛剛起床，正在宿舍門前刷牙時，突然看到一部紅色吉甫車，疾駛校園中，停在單身宿舍旁，數名穿中山裝的男子下車後，迅速走向我住的宿舍後面（當時學校建一排瓦房單身教職員宿舍約十間，每間以山牆為界隔為二間，前住一人，後各住一人）。未久聽到住在後面的蘇永年老師說：「讓我交代一些事情，才跟你們走。」於是他迅速找到一位也是廣東籍黃奇峯老師（軍校十九期畢業，曾經跟隨劉玉璋將軍當副官，退役後在嘉義中浦鄉山上養雞，由蘇永年老師介紹來代課。）交代完畢後，隨被押上紅色吉甫車帶走。

被帶走後，久久沒有消息，後閱中央日報才知道，蘇永年老師涉匪諜案。

蘇永年廣東番禺人，軍校十五期畢業，在番禺縣擔任自衛大隊長，一九四九年（民國三十八年），共軍進逼廣東番禺縣，蘇永年身為大隊長，竟一槍未發，並列隊歡迎共軍進城。但共產黨佔領後，後來開鬥爭大會時，把蘇亦列入鬥行列中。當蘇發現事對他不利，因廣東距香港近，就化裝難民，逃入香港，住入吊頸嶺。民國四十二年，申請來台，為反共義士，被安排在阿蓮初中任代課老師。在那時的台灣，中華民國政府正推行，曾經附匪被俘人員，自首自清，既往不咎。但蘇員認為他過去行為，沒人發覺，所以，也就隱而未向政府自首自清。

當有廣東番禺人因反共而逃到香港，才引爆蘇員過去行徑，為台灣派任香港情治人員偵悉，報告台灣情治單位，乃為情治單位逮捕。蘇被捕後押解台北，讓他跪在蔣介石像前懺悔，判刑廿五年，以後，我離開阿蓮中學，應聘他校教書，未悉以後坐監後情形。

蘇員在阿蓮初中任教時，表現在態度上要比一般同仁愛國，我親眼看到在升旗典禮時，學生未大聲唱國歌，他上去就是一拳頭，沒有人想到他是匪嫌。被捕後的幾天，當時的教務主任郭篤律說：「他很愛國，怎是匪諜。」（本省人嘉縣大林鎮人），別人勸他說，這種事少發表高見為妙。他以後也不再過問了。

喜事中的哭聲

我於一九五〇年，任教於高雄縣阿蓮初級中學（現新高市阿蓮國中）。同事盧兆珉君。係河南省南陽縣人，在一九四九年十五歲尚未在初中讀書時，國共內戰戰火，燃及南陽，於是南陽各中學聯合五千多名學生，由老師率領下，離開父母，往南方逃亡。沿平漢路經湖北，沿途歷經戰火，途經湖南，湖南民風敦厚，看到逃難的學生，都會把家中的食物，以仁愛的心供學生食用。因為湖南人出外當軍人的子弟多，較能了解出外孩子們的艱辛，給予協助。但共軍節節在後逼近，多少流亡學生衝散（也有少數衝散後又返回故鄉），逃入廣西境，飢餓的流亡學生，無吃無喝，在饑餓的情況下，向當地老百姓乞食。但廣西人已開門手持菜刀，拿刀就砍，因為廣西民風排外，牆上寫著「殺死生面人。」

在饑餓交迫的情況下，逃及中越邊境十萬大山，南陽流亡聯中學亦隨黃杰兵團向越南撤守，共軍砲火猛烈追擊，彈片落在四週，流亡學生亦被衝散，在砲火中越過十萬大山進入越境，南陽流亡學生只剩三百多人了，大部在戰火中離散或在戰火中死亡。

進入越南富國島，在原始森林中斬荊披棘，用手伐木，建茅草克難屋，風侵雨打，過著原始生活。但他們在老師領導下，仍笙歌不輟，繼續學業。留越三年於一九五三年，由國府接回台灣，升入行政專校（法商學院前身）服預備軍官役後，進入教界，屏東縣立佳冬農校，擔任訓導主任職務，與高三女學生私戀關係，於一九五八年轉任省立豐原高商任教。但與其女友屏東佳冬畢業林小姐連繫書信約會不斷，因距中部太遠不便，所以於一九五九年轉來高雄縣立阿蓮初中執教，好與林小姐就近約會。戀情日漸熱烈，幾乎每週末都在相約來阿蓮初中單身宿舍。

盧兆珉長的體型高大，魁梧，一表人才，聲若宏鐘，在阿蓮初中，擔任訓導主任工作，滿校奔馳，體力超人，上下樓梯，一踏三階，站在司令台上，大聲一喊，全校學生肅然敬服，再加上北方男子的健美，深受島寶島姑娘的衷心愛慕。

一九六一年某天，該女私自北來與蘆約會時，被其父緊追在後（她父親在日據時曾任區長），在佳冬火車站奪回手中衣物，女孩掙脫，赤著腳跑到甘蔗田中躲藏，然後跑到阿蓮初中找盧兆珉君，但其母又緊追不捨趕進學校宿舍，盧兆珉無法，將女友迅逃至辦公室，（星期天無人辦公）然後在外由同仁把辦公室鎖上。

林女母親在校園或宿舍，找遍每個角落，才無奈大聲用閩南語叫罵，返回屏東佳冬老家。當一雙男女青年熱戀的死去活來，不可分離時，此時由阿蓮初中校長（本地雲林籍）出面，親自帶些禮物，偕學校同仁數人，親自到屏東佳冬林小姐家，向其父說媒。其父在盛怒之下，將禮物摔到門外，顏校長也碰釘子而歸。

但事情繼續發展下去，林小姐乾脆住到阿蓮中學單身宿舍，生米已煮成熟飯，其父無奈下，才允許婚事。但在一九五二年雙十節假岡山某餐廳舉行婚禮，林小姐全家人及至親友亦住岡山某大旅社，（其父仍生氣未參加），當迎娶新娘花車駛至旅社門口，新娘面露笑容，登上禮車，（我也在場幫忙），全家姐妹戚友一齊暗泣淚流滿面，甚至其母放聲大哭，看之使人慟容。

何以嫁女是天大喜事，變成如此悲傷場面，概在民國五十年代（一九六〇）尤其南部，風氣未開，如有女嫁外省人，是感到奇恥大辱，何況林家在地方上是有頭有臉的知名人士，外省人想娶妻，比登天還難。

所以一九四九年許多撤台軍人正值青年，在異地不能生根，歲月磋跎一幌數十年，無錢無地位，想結婚談何容易，垂垂老矣，仍是光棍一條，一切為反攻，一生奉獻青春，使人感慨萬千，離鄉背井一世紀，孤寂心情，外人無法去了解，戰爭啊！戰爭，這都是國共內戰所帶來災禍啊！

二二八高雄事件目睹紀實

肇因：台北酒酒公賣局緝查組追查私煙，在台北市二名緝私員，在一個擺香攤老太婆煙攤上，搜查到私煙，擬予充公，拉扯間，老太婆哀求，引起市民圍觀，有人因同情老太婆可憐處境，高聲喊打，緝私人員鳴槍示警，跑進鄰近派出所，民眾包圍派出所，事態擴大，漫延到全省。再加上留有日本浪人也趁機鼓噪，共黨台灣領導人謝雷紅的煽惑，一群不滿民眾，趁勢起來反對國府，治安失控。

一九四七年二月二十八事漫延高雄市，情勢更是一發不可失收拾，外省來台公教人員，大多被善良百姓藏起，但也有未來及躲藏，即被遭殃，聞高雄市某街，外省在街上經商開店，夫婦被害連小孩子二腿被拉開，掛在電線桿上，甚至嫁與外省人的婦女，遭到圍毆毒打，風聲鶴唳境況一九五七年二月二十八日，高雄市治安失控，一片混亂。我在高雄市二總醫院住院時的鄰床張先生亦得肝病。當時張先生係高雄要塞司令部，守備團駐紮高雄市火車站北邊約二公里鐵道東邊營區三塊厝營房，事變發生晚上，他們奉令向高雄要塞集中，保護著眷屬，行軍至高雄要塞，要塞大門已被群眾團圍住，並派出三名代表入司令部，要求高雄要塞司令彭孟緝投降。

當時的司令官彭孟緝上校，下令將三人槍決，屍體丟入要塞門外，然後把大門打開，中型吉甫車上架著機槍，見人就掃射，部隊跟在後衝，一直從高雄要塞打到市政府，收復市政府後，沿中正四路，打到火車站，再沿鐵路，攻入台南。此時國軍二十一師，亦由基隆登陸，進兵到台南，全省光復。但死傷民眾，有許多是善良百姓，一時看熱鬧的也遭槍殺，造成台灣光復後，最大慘案。

他太太說，高雄捕人犯，集中在鼓山旁看守所內，每天下午，火車進站時，在火車站廣場公開槍決人犯示眾，多日均是如此，造成人民嚴重傷害恐懼，許多受難家屬，都是冤死槍下〈除了少數參與事件者外〉，含冤莫辯，事隔數十年，此事陰影，揮之不去，造成台灣人與外省人之隔閡，久久不能磨合。

當我住院時，過去住五甲村房東兒子楊秋助，五甲地方人好友陳飛龍聞訊也到病院來探視我，鄰床夫婦說：「你怎麼與本省人交情，這麼好呢？」我說：「我們從事教育人員，把過去房東，地方朋友，學生，一律平等看待，沒有內外之分，所以也得到他們的同等徒遇與認同。」他們夫婦，相視而笑。

彰化縣立大城初級中學

一九六三年（民國五十二年）暑假，病癒後，我應聘彰化縣立大城初級中學之聘，到彰化縣立大城初級中學任教。

在台灣省，彰化縣要算中部農業大縣，彰化銀行總行設在這裏，從這裏公車向偏僻的鄉區行駛，大城初級中學，就位在濱海漁村的大城鄉，為當時彰化縣政長呂世明的一鄉鎮一初中的政策下而創設，才設校三年，建有平房教室連排九間，六個班級。

校長張芸亭先生，東北人，原東北長白師範學院畢業，在彰化縣政府教育局任課員，被呂縣長派任為首任校長。教務主任胡露白先生，省立法商學院畢業，江蘇宿遷人，身材不高，但精明幹練，對我非常器重，請我擔任註冊組長，推心置腹，依為臂力，我也盡其所能去做，學生亦誠樸可愛。

但大城濱臨海邊，到了農曆十月，季風特別強，入晚海風呼呼，我經大病癒後，又體質過敏，深夜聽到呼呼風聲，全身皮膚發癢，難以入睡，一直忍受到寒假。適逢過農曆年我趁假到高市在一小同鄉家，遇到在高雄縣林園中學任教的小同鄉焦允恒君，他說：「跑那麼遠幹嗎，乾脆到我們學校服務好了。」他馬上帶我去見他們的校長吳建亞先生，吳一見面，非常歡迎我，就馬上給人事室黃仁忠下手諭發給聘書，仍請我擔任：「林園中學註冊組長職務」。

林園中學，在高雄市郊區，交通方便，氣候適宜，我返回大城後，就堅辭大城初中教師兼註冊組長職務。

向校長提出辭呈，胡主任聞訊後，連夜與胡露白主任商議，堅留我在大城初中幫忙。我辭意甚堅，稱我此次南部玩，經過去同仁高雄海仙國小校長崔鴻甲介紹該校一位女教師李梅麗女友（確經崔校長太太介紹高雄女師畢業認識），就近交往比較方便，校長胡主任挽留不住，只好准了。說：「你與女朋友談成功後，再回來幫忙。」（後來張芸亭校長調彰化和美鎮和美國中校長，仍盼望著我到和美國中去幫忙，但一直未實現諾言，這是我一生欠張校長、胡主任的一份最大人情，常思之引以為疚！

高雄縣立林園中學

民國五十三年二月一日，我辭別大城初中，乘火車南下高雄市，轉乘高雄至林園中學公車，抵達林園中學校門前下車報到。

吳建亞校長，江蘇吳縣人，南京市東南大學畢業，一九四九年隨政府撤台後，曾任省立台中農校教師，因當時台灣省教育廳長鄭傳楷的擢拔，調任高雄縣立林園農校校長。（林園農校為日據時代所創立），後改制為林園中學，內設高中部六班，初中二十六班，學校距高市不遠，風景優美，氣候適宜，四季如春，交通便捷。受吳校長之器重，仍兼任註冊組長工作。工作依然繁重，尤其是在暑假，一般教師都放假了，輕鬆了，而註冊組長的工作特別忙碌，辦完了鳳山區各初中聯合招生工作，剛忙完，接著又辦本校高中部招收新生工作。高中部招考繁忙的招生工作辦完，又辦理高初中插班生工作。接著開學，忙著全校學生註編班事宜。整個暑假，都在忙碌中度過，但還要特別細心，不可有半點疏忽。如稍有不慎，發生事故，見諸報端，可能名譽掃地，誤踏法網，有牢獄之災呢？故每日兢業業，不敢有絲毫差錯，還好數年來，在業務上無一點瑕疵。

註冊組工作，最使頭大的，固是日據時代創的農校，故有前（日本時代畢業生）遺失畢業証書時，來校申請補發証明文件，但要有根據。故註冊組的張瓊琚小姐與我翻遍日據時代，學生學籍紀錄簿，找出原始資料，核發証明，其工作又添一樁，每天忙的焦頭爛額。

更有一件荒唐故事，民國五十四年有一名初二學生，尚未成年，被高雄市政府兵役科下令強徵入營當兵。經與高市府承辦人員交涉，戶籍上確達到入伍年齡。再向家長詢其故，該生家長說：「一九四九年，隨軍撤台軍人，待遇菲薄，為多領一點眷糧，把孩子小口報成中口，所以不到當兵年齡，卻被應徵了。」該案文書往返，我親自前往市政戶籍單位述明，頗費周折，最後才保住沒讓初二學生去當兵的危機。

繁忙工作的餘暇，我又研讀整理應考書籍。民國五十六年一月寒假，又趕赴台中市參加台灣省教育廳舉辦之：高級中學教員檢定考試。這次參加各科應試人員，共計有四千六百多人參加，經三天的筆試，考試結束後，心情也比較輕鬆了。由考地台中市返回高雄時，途經南投，順便去拜訪在兵工廠時舊同仁馬克光兄。

克光兄原河南省立洛陽中學高中畢業，離開兵工廠後，到台中市篤竹國小教書，後又轉任台灣省立南投高中擔任事務組長職。當我走進省立投中校門時，遇到一位身材不高的中年人，我就趨前，禮貌的詢問他：「馬組長在嗎？」他和悅的回答說：「在在，我叫他出來。」見了克光兄，他說：「你剛才遇到的是我們校長孫鴻章先生，他對你印象非常好，下學期想請你來省投中幫忙。」

（孫鴻章山東省人國立北京大學畢業）曾任教育廳第一科股長，由民國五十二年，派任省立南投高中校長。

到了五十六年五月，高中教師檢定考試放榜了我又及格了。

初次看到經國先生

民國五十七年七月份，學校放暑假，但註冊組招考高一高中生工作正在繁忙中進行。教務處同仁，正在伏案辦公，倏然抬頭，看到經國先生，進入辦公室；他微笑著以浙江口音說：「各位辛苦了，好好工作」，含首點頭而去到校園教室內，巡視海軍成功隊蛙人弟兄。

概當時正值暑假，教室空著，因遇颱風雨季，住林園鄉中坑門住帳棚的海陸軍戰隊成功隊蛙人弟兄，暫住教室以躲避暴風雨。經國先生（當時國防部副部長），輕車簡從，穿著夾克上衣，踏入基層，慰問颱風雨中，蛙人生活情形，並徒步走到蛙人暫住之教室，與官兵一一握手，垂問生活情形。中午並在操上，與蛙人官兵，坐在地上，一齊用餐，其愛護弟兄胸懷，使人頗為感動。

第十章

受聘台灣省立南投高中教師

台灣省立南投高級中學

一九六七年（民國五十六）五月，台灣省高中檢定考試放榜，我錄取後，到了六月中旬，省立南投高中，就把聘書寄給我了。我於五十六年八月一日，辭去高雄縣立林園中學教師兼註冊組長職，赴省立南投中學報到。

省立南投高中：位南投縣政府所在地南投市，也是台灣省政府中興新村所在地。校舍依山畔而建，環境優美，校舍建築宏偉。有高中部三十六班，初中部二十八班，均為縣內優秀學生考入，又以初中部素質甚佳最優。

我擔任高中部三年級七班導師，教授高三三民主義，高中國文，高三文化史，依教育部規定高中兼任導師，每週授十一小時的課，超排的課程，發給鐘點費。從縣立中學跳到省立高中，好像從平地上升到天堂的感覺。

省立高中在教職員編制上，均較縣立中學為優，高中老師每個班設二個半員額，每五個班設一軍訓教官，專門管理學生生活，服裝儀容。每五個班設一職員，五個班設一工友，學校月考試卷，經老師評分後，送教務處，由職員登錄統計。設有教職員餐廳，廚房派有工友，專給老師們烹飪。設有單身宿舍，給單身老師洗內衣褲。另派一工友，每天早上給單身老師補充開水。並備有浴室，每天可洗熱水浴，加以南投地區，風光優美，氣候宜人，工作情緒大為提高。

我原在縣立林園中學服務，二十七個班級的學校，只有正式編制職員二—三人（其他為臨時雇員），工友二人，甚麼事，都由教師自己動手，和省立學校相比，真有天地之別。但在省立投中，還是有不滿之聲，我也常勸他們，該滿足了。

到省立投中未久，孫鴻章校長，奉調省立員林實驗高中校長（後調台中二中，台中高工退休）。遺缺由省立板橋高中校長汪洋接任。汪校長河南省經扶縣人，國立復旦大學畢業，學問淵博，口才一流，頭腦反應靈敏，（曾任省教育廳督學，頭城高中校長），我與汪校長過去並不熟識，我擔任導師，習慣性起床較早，在操場散步一圈後，即到教室陪同學生早自修，自己也看書。一日一大早，汪校長蒞臨教室內，很誠懇的請我擔任秘書一職，我自忖能力有限經驗不足，再三推辭，然連續幾天，每天早上來教室懇請，不得已，我才允接秘書職。

省立中學在五十班以上，教師兼任秘書，與教務主任訓導主任平行，法令規定每週授課三小時，教務處每週排課十小時，可領七小時的超鐘點費。全校同仁相處融洽，一時以青年才俊，活躍於南投中學。民國五十六年十一月，又被校長推荐到台北中興山莊革命實踐院受訓。

在南投中學，服務期間，同仁孫萬征老師，道德文章都叫人敬佩。落魄將軍鄧親之遭遇，特別使人感慨。王文國老師失子之痛，也使人同情。

省立南投高中校園與教務主任王景曦、主任教官陳正廉合影

省立南投高中校園與同仁趙開泰合影

高智慧的逃難方向

孫萬征為河南省登封縣人，辛亥革命武昌起義時，全國響應，此時的孫萬征正在河南法政學堂就讀，夜晚時與同學數人，爬上政府大樓插上國旗，表現熱血愛國行動。

法政學堂畢業後，執教省立開封女子高中，與肄業中的夫人相戀而結婚。爾後任何南省密縣（現為新密市）主任秘書，一九四四年仲春，日寇渡過黃河，豫西淪陷，曾率地方抗日志士，組織抗日義勇游擊隊，與日寇周旋於嵩山少室山山區，少林寺附近，出生入死，與日寇搏鬥，備極艱辛。曾在月黑風高，襲擊日寇，使日寇受創頗重，日寇亦處心積慮抓他，他游擊隊夜宿登封縣山區某村，他知覺情況不對，半夜間移防他村，而大批日寇黎明包圍該村，撲了個空。但他捉住漢奸日寇，亦毫不留情的投入，被掏空媒窨洞中，致日寇拿他疏手無策。

一九四五年八月，抗日勝利，孫萬征亦獲任命為登封縣長，任內努力建設地方，普獲縣民愛戴。

一九四九年，中原板蕩，時局惡化，在鄭州跟隨胡璉兵團，輾轉撤至金門，任胡璉辦的怒潮學校中校教官。一九五二年，怒潮學校與鳳山陸軍官校合併，乃轉任軍校中校教官，服務至一九五九年，屆齡退役，應台灣省立南投中學蔡德安校長之聘，到南投中學任教（蔡德安河南法政學堂畢業，曾任河南密縣縣長）。此時余亦任教南投高中，因同鄉關係，與孫來往甚密，閒暇散步聊天，無所不談。如民國十八年（一九二九）北伐成功，馮玉祥主持河南省政逸事，豫西劉志華的振嵩軍興起，蔣馮之戰，少林寺和尚平亂，無不津津樂道，余亦在不覺中，得益良多。

但聊及他的家務事時，他總帶著戚戚心情，含著眼淚道來：「當一九四九年，追隨胡璉兵團南撤時，一雙兒女抱住他的雙腿，哭著叫喊著：『爸爸不要走，爸爸不要走。』『不走共產黨來，爸爸就沒命了。』忍著生離死的痛苦下之下，訣別兒女，愛妻。」在南投中學同事多年，每談起兒女妻子訣別一幕，悲傷的老淚縱橫，使聽的人亦感慟容。來台數十年，他以大陸妻子兒女，時時縈繞於心懷。

一九七九年，二岸已開始通信，此時：我亦考取台灣省縣市教育督學課長第一期，經遴派嘉義縣政府教育局課長，一日他帶著欣愉的心情跑來嘉義家中，欣喜若狂的對我說：「他已與大陸妻子兒女取得了連繫，」並說：「他太太孫夫人，極為聰慧，當他隨胡璉兵團南撤時，兵荒馬亂，一般人都一窩風向南方逃難，但他夫人則帶著一雙兒女，向西北山西逃，徒步至山西媒窨跑去，改名換姓，說：『我們是河南逃荒難民，因家窮，希望謀得一挖煤工作。』雇主信以為真，予以收留，讓她在媒窨挖煤工作，在艱勤工作下，他們變為無產階級工人，以微薄的工資，扶養二名子女，他的二名子女，均甚為聰慧，讀書名列前矛，並以紅五類無產階級攻讀完大學，服務公職，在一九七九年與他取得連繫時，已任部長級幹部。」他說到此處，欣喜的老淚落下，用手帕拭淚。多虧太太有智慧，逃難去的方向正確，使孩子們能進大學，並任共黨政府高職，狀至愉快愜意。他原擬能與多少年未晤面的夫人，能夠在新加坡會面，但二岸雖已開始通信，但公教人員探親尚有障礙，尚未來得及晤面，在一九九三年，孫萬征患腸癌逝世於台北榮民總醫院，享壽八十一歲，他已含笑於地下矣！

在一九四九，大劫大難的亂世，孫夫人有如此超人的智慧，逃難方向正確，逃過大劫大難，絕處逢生，保全子女，成就其事業，實在是近代史上，智勇雙全之奇女流也，孫萬征雖臨終前未能與兒女相聚，但亦無憾矣！

日月潭，左二為孫萬征

王文國掉失獨子

一九六七年，余執教於省立南投高級中學，有同仁王文國君，為河北省人，因直豫風俗習慣相近，個性相契，甚談得來，常聚一起私聊，幾乎是無所不談。

他是國立北京朝陽大學畢業，一九四七年，任河北省濮陽縣長，共軍攻濮陽，城陷後，曾帶領當地游擊隊與共軍週旋數年。一九四八年，投奔河南豫北安陽，隨國軍李振清部，撤退至澎湖。一九五〇年任澎湖縣立望安初中校長，後因故去職，應聘省立馬公中學教員。一九六八年省立馬中校長史麟生調省立南投高中校長，王文國亦跟隨史校長調來省立投中任教員。

余於一九六八年，亦任省立南投中學教師，與王為同事，私誼亦篤，每次聊天，談及掉失獨子時，禁不住老淚縱橫。

一九四九年，十一月，安陽撤守，兵荒馬亂中，他捨棄家庭妻子與其他人（戰亂中也顧不了），只有手拉著獨子，（當時才十歲），一路餐風露宿，跟著部隊，逃難民眾南奔。在奔逃時，他手拉著愛子，時刻不離手，因太疲累，擠在人群中，愛子突失手走失了。他雖到處找子，但兵荒馬亂中，已被擠的無影無蹤。在百般無奈下，只有含著眼淚，隨著部隊，撤至澎湖。骨肉割捨分離，使他一生感到自疚與痛心，故每到談觸及獨子時，就觸動他傷心的神經，落淚不已，故只有常勸他，「一切想開一點吧！」

一九九六年，我任職台北縣中正國小校長時，在台北公保中心看病時遇到他，當時已九十餘歲，舉步艱難，已老邁不堪。他說：「他弟弟任職北投警察分局長，老年依靠弟弟。」對他佝僂的背影，一掬同情之淚。

人有悲歡離合，月有陰晴圓缺，我想他以耄老之年，孤苦一人，值得人去可憐啊！這都是戰亂帶來的災禍啊！

落魄將軍鄧親民

鄧親民湖南人軍校四期畢業，一九四九年任國軍九十四師少將師長，在上海保衛戰中，曾為掩護國軍大撤退，犧牲一個團的兵力，後轉進金門，與金門司令官胡璉將軍抬槓，胡璉那他沒辦法。正在此時，蔣介石赴金門視察，胡璉將上情報告蔣。總統說：「把鄧親民叫來。」總統對鄧加以訓斥，鄧親民湖南騾子脾氣，又與蔣抬槓起來了，老蔣在一氣之下，大怒說：「滾、滾」，鄧聞言後，以他倔強的性格，返身就走了。

當他還沒回到師部，免職命令下來了。於是就這樣的脫下了少將服，連文退休金都沒有，就離開師長職務。因剛來台灣未久，中等學校師資缺乏，後來經同學的介紹進入省立南投中學任教。

民國五十六年（一九六七），我由高雄縣立林園中學教員兼註冊組長，應省立南投中學校長汪洋之聘，赴南投中學任高中教員兼秘書，與鄧親民將軍係同仁。鄧為早期黃埔軍校四期畢業，本對文學素養也不是太高，學校為遷就他，只給他排些不重要的課公民課。一日他上課時，滿腹牢騷，給學生在黑板上板書，寫「國民黨，故意寫成刮民黨，大官大貪，小官小貪。」學生把它寫在週記上。

軍訓教官檢查週記時，將情反映出來，引起當時治安人員注意，他聽說要調查時。他說：「總統我都敢跟他抬槓。死我都不怕，還怕甚麼查不查。」治安人員，那他也無可奈何！

他因經常喝些老酒，（當時教師生活清寒，只能買些米酒）。每天喝的醉薰薰的　生活潦倒當民國三十八年（一九四九）當時他擔任九十四師師長時，他的部下馬安瀾是團長，際焉附會，已升任陸軍總司令。當他沒買酒錢的時候，就去找馬安瀾，馬安瀾也時予給他濟助。

當鄧返家時，裝在布袋的錢，被太太掏的淨光，他又沒錢喝老酒了，又牢騷滿腹，又發酒瘋了。原來鄧在任團長時，駐紮湖北省一個村莊，聽說：村上某家小姐長的很漂亮，他就派數名槍兵抓來，強作小太太，她雖徐娘半老，但風韻猶存。一九四九年大陸局勢驟變，鄧的原配留在湖南故鄉，就帶著小太太撤退到金門。免職後來台，住南投中學宿舍內，所以牙根她都不愛他，故他向馬安瀾給他的錢，常被搜一空，他仍窮苦潦倒，喝了老酒後，行路都走不穩，搖搖幌幌，行走在坎坷人生道路上。

一九六八年（民國五十七年）三月，鳳山陸軍學校校慶，由蔣介石親臨主持，鄧親民看到報紙，聲言要到鳳山軍校參加典禮，並要發給他二十年的少將退休金。聞此消息，急壞了學校校長汪洋　以及地方治安單位，如過果讓他跑到盛大的軍校校慶典禮會場，大鬧起來，這個後果該如何負責，又成何體統。

在百思難擋他跑到鳳山鬧場的情況下，我擔任學校秘書職，責無旁貸下，於是親自出面，協調南投退役將軍勞聲寰少將，出面邀請當地黃埔四期畢業高仙峯少將，台中師管區中將司令，在軍校校慶前一天晚上，假高仙峯少將家，請鄧親民一起打麻將，說好只輸不贏，鄧老酒一喝，與軍校同期同學，麻將一打，一高興也忘掉再到鳳山軍校鬧場了。

事又過三年，鄧因泅酒過量，百病齊發，心臟麻痺而死亡。當時馬瀾將軍代為他治喪，並派隊總部軍樂隊送葬備極哀榮。

鄧一生由北伐、抗日、國共內戰，到暮年悲慘生活，可說，幕起幕落，悲歡坎坷，這也是亂世英雄的悽慘悲景。

賣香煙的老人

余友：某君河南省宜陽人，一九四八年春，正在省立洛陽中學高中部求學，共軍陳毅部，集中兵力攻打洛陽城，只有青年軍二〇六師，孤軍浴血奮戰，共軍以麻雀人海戰術，攻勢凶猛，經數日激戰後城破，某君由鄉親數人護送，夜過黑石關，跋涉至開封，與逃難開封的父母團聚。

未久，一九四八年夏，局勢日益惡化，他忍著悲痛，隨著同學流亡江南。一九四九年四月，共軍渡過長江，隨同學等抵上海，五月隨政府撤台。考入警察學校畢業後，曾任台北市交通警察，後調台南縣新營分局警員，利用業餘空暇，孜孜自修法律書籍，乃考取普考法院書記官，任職台南地方法院書記工作，復參加民國四十八年（一九五九）全國性高考，司法官及格，經司法官訓練所結業後，分發嘉義地檢處充任檢察官職，與現太太結婚。因績效良好，調屏東地方法院民庭推事，數年後調升雲林地方法院庭長。因他能力強，績效好，又調升台灣高等法院台中分院推事，後調升台中高分院簡任庭長。

自一九四九年，他由開封車站闊別父母後，一個十七歲的大孩子，父母含著眼淚，一再囑咐，千言萬語，隻身流浪在外，注意生活才能安全，父母不在身邊，親情依依不捨，揮淚南下流亡。

二岸相隔數十年，家鄉父母音訊全無，一九九一年，二岸開放通訊，與留在大陸的姪女，取得連繫後，並代她申請來台，叔姪會面後，侄女哭哭訴著爺爺的遭遇。

「自他揮別老邁父母，南下流亡後，共軍於一九四八年七月，共軍陳毅部即包圍開封，經數日激戰後，共軍由南城牆挖地道攻入城內，國軍五十五軍與共軍城內發生激烈巷戰，傷亡屍體堆集成內外，一堆一堆，慘不忍睹。正值炎夏，屍體發臭難聞，於是爺爺攜帶一個孫女，向南方逃命。當逃抵安徽蚌埠，鐵路終斷，已無力南逃，同時共軍已佔領江南，他們祖孫二人，只有流落蚌埠街頭，改名換姓，擺香烟攤維生。

一九五〇年臘月，天寒地凍，窮的實在沒法過年，為了多賺些小錢，乃買了些紅紙，自己親手寫些春聯賣錢。爺爺的字，非常挺拔俊秀的漂亮，引起了當地治安人員的懷疑，『這賣香烟的老人，怎麼會寫這麼好的毛筆字』，就抓起來審問，嚴刑拷打，爺爺忍受不了這酷刑，於是全盤說出實話：，原來是河南省宜陽縣議會議長，因逃難流落蚌埠，改名換姓賣香烟攤維生。於是就通知宜陽縣當局，將爺爺抓回宜陽老家公審後受難。死狀甚慘。」說完姪女已泣不成聲，他夫婦聞後也淚流滿面，並在家中三樓空屋，專設靈堂，樹立牌位，燒香頂禮膜拜，稍盡孝道，心中悲痛，為人子者，難以筆墨形容。

姪女在台停留數日，辭去，回大陸前，楚庭長買些衣服，送給她帶回，並給了她筆錢，叔姪依依不捨的飛回大陸，但給他留下的是無限的傷悲，這是開封一別，日夜想念夢魂縈繞的父親，如此悲慘的結局，天呼人呼，他仰天長嘆！

革命實踐研究院受訓

革命實踐研究院，乃蔣介石大陸撤台後，乃痛定思痛決心再起爐灶，重整士氣的一種革命作風。設於台北縣木柵鄉的中興山莊，四面環山，景色宜人。他老人家非常重視此訓練，故每期開訓典禮，他均來致詞，受訓學員，皆來自國府中央軍政高級幹部（武職在少將以上）及地方黨政領導幹部，我於民國五十六年（一九六七）十一月，在黨政研究班四十一期受訓。

院長是蔣總統，班主任是袁守謙先生，黃埔一期畢業，生活組長任覺五先生，每逢上課，詼諧談笑風生，最引學員興趣。除白天上課外，夜晚研讀總統訓詞，並寫心得研究報告。

授課講師，自副總統嚴家淦兼行政院長，行政院各部長，台灣省政府主席黃杰，國防部長馬紀壯，學界名流台大訓導長傅啟學，救國團主季李煥等，報告施政理念。

給我印象最深刻的是經濟部長李國鼎，當時台灣尚停留在農業時代，他在演講時，攜帶一系列圖表，掛在講桌邊，一邊用小棒指著圖表，一面說明：他正有計劃推展台灣經濟起飛。首在高雄港填海新生地，開辦高雄加工區，給外資優惠，吸引外資設廠，使國內勞動人口就業，並學習外人經營理念方法，學習其技術，以培養國人經營技術人材。然後續增設楠梓加工區，台中潭子加工區，有計劃推展，台灣經濟起飛，使台灣走向工業化。發展到某種程度，乃計劃在新竹創設高科技工業園區，請華人在科技方面有成就者，回國設廠，中央銀行貸與專款，使台灣邁向高科技工業化。李國鼎謀國之深，有計劃有步驟，為中國近代最優秀傑出的政治家。台灣被譽為四條小龍之首，李氏應為首要功臣，他的演講，至今給人印象尚留腦核中。

最使人感到驚奇的，晚上課後，到設在院中小山坡上的圖書館，倏然看到陳列在滿桌子滿書架的大陸各地的共產黨報紙，一時接觸到簡體字，又驚奇又新鮮，這是政府撤台後數十年未看到過的東西，（其他學校機關均禁止閱讀流傳），甚麼：文化大革命、三面紅旗、大鍊鋼、人民公社、集體吃大鍋飯、集體勞動、三反五反、批孔揚秦、人人學大寨，大寨最進步，使人眼華潦亂，不勝枚舉，可惜有的是簡體字，使人半信半猜，當時的大陸，已在驚天覆地的鬧革命，一時也慶幸自己逃離大陸在寶島，方能脫離此大災大難的浩劫。

一九六八年元月返回南投高中，學校正推動中華文化復興運動，倡明儒家忠恕仁義道德理念，與在革命實踐院圖書館所看到的成強烈對比。各國文老師，亦在每週週會上發表演講，闡說孔學思想理論，某一週會上，我也把文化大革命，破壞中國倫理道德，予以理論系列演講，受到全校師生的讚聲。

中山樓

與教育部長朱匯森

與古正綱合影

與馬紀壯將軍

國家故宮博物館

話說抗日名將湯恩伯

一九六六年十月，我執教於省立南投高級中學，並兼任秘書，奉調中興山莊，革命實踐研究所行政院第四十一期受訓，受訓期間，每天早修必讀總統訓詞，讀到「革命魂」一篇，文中有一句話：「湯恩伯為一忠貞同志，如果他在上海保衛戰中犧牲，可留芳千古。但他多活五年，死在日本病床上。」，意謂湯恩伯死不得其所，讀後，對湯恩伯之一生，頗多感慨。

湯恩伯為抗日名將，保定軍校畢業，追隨蔣介石東征北伐，立下汗馬功勞。因深得蔣之寵信，一九三二年到一九三五年，湯恩伯一路靠著「碉堡戰術」和「蠶食攻勢」，一九三四年，擊潰蕭克部。一九三五年，又全殲紅十六師。一九三五年，升任第十三軍軍長。

抗戰爆發後，曾在「南口」與日軍周旋十餘日，給日軍沉重打擊。湯恩伯在第五戰區司令官李宗仁的指揮下，對「台兒莊」戰役的獲勝，起了決定性的作用，正是湯恩伯的迂迴戰術包抄，才重創日本第十師團。一九三九年，整訓後的十三軍開始對日反攻，曾取得崑崙大捷的局部勝利，湯恩伯連續擊退日軍第三師團總共六次，在一九四〇年初的隨棗戰役，第五戰區全面敗退，而湯恩伯表現突出，利用穿插機動戰術，保全了自己，打擊了日軍，以寡擊眾，跳脫了日軍的包圍。

一九四一年湯恩伯調升三十一集團軍總司令駐節河南葉縣，轄十三軍、八十五軍及十二軍，聲名大震。

一九四四年春，日軍由鄭州渡過黃河，湯恩伯預估錯誤，他預料日軍攻陷鄭州後，會沿隴海鐵路西攻洛陽。但日軍出乎預料之外，攻陷鄭州後，乃向南進攻新鄭、長葛、許昌，然後向西攻取郏縣汝州，攻佔洛陽。當洛陽已失陷，而湯恩伯之重兵仍守隴海線上，於是緊急南徹。

因白天怕遭日機轟炸，不敢行軍，潛伏麥田中（此時農曆四月初，麥子正在抽穗），利用夜間舉行大撤退，但因十三軍被指軍紀不佳，豫西民間諺話：「寧教日本人燒殺，不教十三軍駐紮。」十三軍駐紮豫西，據說百姓恨之入骨，日本人來了，十三軍一槍未發，就向後撤，於是豫西民眾，利用土寨，攔擊退路，寨上百姓問：「下面經過是何軍？」軍隊回答：「十三軍。」老百姓就開始阻擊。

後來寨牆上問道：「何軍經過？」下面行進中的軍隊答道：「我們是八十五軍。」八十五軍軍長是陳大慶，軍紀較十三軍佳，老百姓就讓他通過了。老百姓一想不對：「八五，不是十三軍嗎？」，又開始打了。

整個十三軍幹部，都是南方人，士兵大部是豫中一帶徵來的壯丁。士兵聞夜間突來槍聲，一哄而散，於是武器散落滿地。老百姓早上起來，跑到寨下撿武器，十三軍除了幹部跑掉外，整個軍都垮到了豫西。湯恩伯（當時十三軍長為石覺），率其幹部，撤到豫西南內鄉一帶，後調往貴州省重加整補，勝利後開赴東北，保衛熱河承德，表現不錯。

一九四六年，湯恩伯指揮數十萬國軍，圍攻剿共軍失利，共軍華東野戰軍、華中野戰軍，連陷許昌、洛陽、開封、濟南、兌州，相繼失陷失敗，大江以北，盡為共軍所有。一九四九年，蔣介石下野，在下野前，發布湯恩伯為京滬杭警備總司令，駐節上海。此時，時局詭譎變化，浙江省主席陳儀，致書湯恩伯意謂大勢已去，擬勸湯恩伯投共變節，為湯恩伯拘送台北（後被蔣介石槍決）。

蔣期望湯恩伯四十五萬大軍，保衛大上海三個月，以便中央運走所有重要物資到台灣，但湯恩伯對戰局失去信心，最後把司令部搬上吳淞口外軍艦上，在海上指揮作戰，上海迅速失守，這件事使蔣介石對湯恩伯極為不滿，來台後即架空湯恩伯之兵權，後湯恩伯因病赴日開刀，死於日本，因此在「軍人魂」才有對湯恩伯批評之一段話。

湯恩伯長子湯建元，在台北縣政府教育局國教股任職課員，陳大慶擔任台灣省主席時，感念於湯恩伯長官之情，乃將湯建元調某單位人事主任，陳大慶亦為有情有義之人也。

督學課長甄試集訓

台灣自光復後，人民生活改善，子女升學競爭激烈，民國五十七年（一九六八），政府為解決國小升初中瓶徑，以及提升現代國民素質，最高當局決定實施國小免試升入初中，義務教育由六年國小，延長到初中（以後改為國中）到九年。台灣省政府教育廳（當時潘振球任廳長），為革改教育，充實地方教育行政功能，台灣省各縣市政府教育科一律改為教育局。局下設課，課長、督學，一律公開考試甄選任用。甄選考試資格，限制極為嚴格。基本上必須高等考試，教育行政及格，有公務人員任用資格。並有中小學教育經驗七年，教育行政歷練者方得報考，但教學經驗者人甚多，但經高考教育行政及格者寥寥無幾。在中華民國近代史上，督學課長甄試，尚屬首次，報紙公佈訊息後，報考人數創八千餘人記錄。雖有許多報考者，並有碩士以上學歷，但未經高等考試教育行政及格，報了名也無法通過。經審查合格者：最後只剩二千多人，皆全國教育界一時時之精英。

民國五十八年三月，在省立台中女中應試，除筆試考教育行政專業知識外，佔總成績百分之六十，口試也佔百分之四十。口試時看你儀容，口才及反應能力，以及教育方面的行政經驗，處理偶發事件的應變能力等。

口試分為二關，第一關設口試委員二人，一位為現職教育行政經驗豐富的首長，一位為學者，第一位委員問完後，接著第二位委員詢問。二位委員評定成績，才為口試成績第一關成績。接著第二關口是由教育廳主祕書書薛光祖，教育廳安全室主任安季邦主持，根據第一關口試資料，再深化詢問，再做綜合複評，給予成績。

口試時：我均應答如流，態度從容，考試完後，安然返回投中宿舍，在第二天一早，報端上即公佈錄取名單。在當時省立南投高中教師，共有七位參加考試，錄取者僅我一人而已。想到從此踏入仕途為官，心中欣喜起伏，久久不能平靜。

民國五十八年四月初，即收到教育廳的通知，到台灣省訓練團報到，此即台灣省縣市教育局督學課長研習會第一期。政府對中華民國歷史上首創甄選訓練，頗為重視，九十五位學員中，分十個小組，每組分置輔導員二人，教育廳遴選輔導員均是資深優秀學經歷豐富教育行政人員擔任。本組之輔導員為羅旭升先生，國立廈門大學畢業，曾任台南市教育局長，省立岡山中學，省立台南二中校長，教育廳主任秘書副廳長等職。另一位為曹宗信先生，國立北京大學畢業，曾任教育廳督學，台北縣教育局長。二位均學經歷豐富，在受訓期間，與學員生活上課，小組研討，全程參與。並授以實務經驗。

擔任授課者，包括教育部長老教育家朱匯森先生，中教司長王亞權女士，國教司長葉楚生女士，教育廳方面：廳長潘振球先生，中教科長黃季仁先生，國教科長陳漢強先生，和教育廳各主管。全國著名學者，師大研究所賈馥茗主任，政大教育研究所主任，以及各大學有名教授等知名學者，大都在國外獲得博士學位，學問淵博。理論精闢，為國內教育界一時之選，聽他的課，如沐春風之中。並利用假日，集休在彰化八掛山風景區露營，營火會上，大家歌舞狂歡。在結訓前，前往彰化縣政府參觀，由潘星照局長接待，參觀市區國中小學，使這批人才結業後，推動九年國教實際推動者。

經國先生巡視省訓團

五十八年（一九六九）四月，我們從二千多個教育人員中被甄選的九十位，台灣省督學課長集在台灣省訓練團，接受為期三個月的集中講習，每天課程安排的非常緊湊，幾乎沒有喘息的機會。

一日下課後，吃完中餐，剛回到寢室，正準備躺下休息片刻，突接到輔導員的緊急通知，說：「蔣經國先生已經到達省訓團了」。

於是，我們趕緊由床上爬起來，著好衣裝，當我們正到達教室門口時，經國先生已到達教室門口，正在以和藹的態度，一一垂詢同學們受訓的情形。

傍邊站著：台灣省政府主席陳大慶，台灣省教育廳長潘振球，省訓團教育長。

因這次公務員甄選，是中華民國教育史上的一件創新制度。過去縣市政府教育局的課長督學，都是憑關係與人事背景而來，才能擔此項職務。但經國先生為了改革此陋習，毅然決然的去除關說人事背景靠山等陋習，大事改革，從沒有背景，人事關係，而普遍從基層甄選有能力的，品德好的人，擔任督學課長職務。所以：他對此項制度的建立，人才的選拔，一直到訓練，都非常的重視。故在百忙中抽空到省訓團巡視，並與受訓學員互動，垂詢。

其平民化的作風，民主的丰度，給我們留下了 永不可磨滅的良好印象，抱定決心，結業後分發到地方政府教育局，以身體力行，為教育人員民眾服務。

第十一章

擔任嘉義縣政府教育局第四課長

嘉義縣政府教育局課長

在台灣省訓練團受訓期間，與我同座一張桌子，一齊受訓者的陳宗仁先生，嘉義縣新港人，國立師範大學教育系畢業，為人忠厚誠樸，幾個月的受訓，朝夕相處，彼此了解，個性相合，感情上也水乳交融。他的哥哥是醫生，與嘉義縣民選縣長黃老達關係良好，他出長嘉義縣政府教育局第一課長，邀我到嘉義縣服務。經他引見，先看教育局長馮溥仁先生，馮局長國立西北大學畢業，一九四九年政府未撤台前，任江蘇省無錫市長，來台後任嘉義縣政府督學後調任局長，也表示熱烈歡迎。接著去見民選縣長黃老達先生，黃縣長是一位老醫師，台灣大學醫學院畢業，在嘉義地方上甚有人望，他欣然表示歡迎。返回省立南投中學後，把公務人員任用資格証件，高考教育行政及格証書，及其他學經歷文件，送嘉義縣政府人事室，報呈台灣省政府人事處，轉呈考試院銓敘部核定。接到銓敘令核定後，我於民國六十年元月一日，向嘉義縣政府報到就職，嘉義縣政府教育局第四課長。當領到元月份薪俸時，內心感觸良多，在省立南投高級中學擔任教師兼秘書時，每週法定授課時數每週三小時，學校排十小時課，可領超支鐘點費七小時，每月收入為新台幣四千多元。到縣府任荐任課長，待遇只有新台幣二千多元，損失慘重，但既來之則安之。

舉辦台灣省二十六屆時運會

教育局第四課主管全縣體育發展，嘉義縣為嘉南平原農業大縣，自設縣以來，從未辦過全省性大型活動。黃老達縣長，為發展體育，慨然允接舉辦民國六十年在嘉義縣嘉義市承承辦二十六省運大會，在十月二十五日在嘉舉行。但嘉義大型體育場場地缺如，於是籌措經費二千餘萬元，在嘉市近郊，興建大型運動場（田徑場），體育館，游泳池，棒球場，網球場。但用地的規劃，徵收，興建，與地政科，與建設局土木課，協調規劃，徵收興建，督造，頗費週章，還好在議會配合經費支援下，逐步解決，並在十月廿五日前，完工使用，倖好嘉縣各界努力，於十月逐項完成驗收工作。

接著大會一天近似一天，大會工作人員，忙的不可開交，準備接待來自選手住宿問題、交通問題、警衛問題。大會決定設選手村，解決各縣來的選手住宿問題，由縣府開會協調嘉義市區、省立嘉義師專宿舍、宏仁女中、輔仁中學男女生宿舍供給選手住宿，並洽商省立嘉義中學、省立嘉義高工教室，改作選手村，由縣府洽高雄市救國團提供軍用毛毯支應。

大會選手蒞嘉接待，交由救國團軍訓督導率嘉市各專科及高中生接待，交通運輸選手路線，車輛調配，由縣車處負責。市區交通安全，交由警察局負責，工作經過多次會議討論研商，於十月廿五前完成。

大會六十年（一九七一），十月二十五日。在嘉市體育場隆重揭幕，由台灣省主席陳大慶蒞臨主持，首由運動員進場，通過司令台向主席致敬，接著：由省嘉中與省嘉市聯合舉行大會操，健美整齊劃一，接著由垂陽國小大會舞，數千小朋友翩翩起舞，動作優美，韻律協調，引起在場參觀群眾熱烈掌聲，最後壓軸由阿里山山地舞，四週看台，歡聲雷動，在緊湊下，完成開幕典禮，盛況空前，並獲得輿論的好評。

揭幕典禮後，各運動場地，比賽項目，逐步展開，經五天的淘汰決賽，大會順利於十月三十一日結束，舉行閉幕典禮，大會成果　獻與　總統作華誕壽禮。

二十六屆省運會

上山下海輔導營養午餐

一九七一年前（民國六十年），台灣省經濟尚未十分發達，政府為使偏遠地區及眷區，小朋友們的健康，分別令學校辦理學童營養午餐。麵粉、牛油由聯合國供給（當時中華民國仍為聯合國會員）。在硬體設備方面：如廚房設備，廚具等，由教育廳衛教會，統籌編列預算補助，地方政府也編些預算款配合。嘉義縣山胞聚居地阿里山鄉，山區最多的竹崎鄉、梅山鄉、中埔鄉、沿海貧窮地區，布袋鎮東石鄉，嘉市軍眷區、各國中小，均辦理營養午餐。

營養午餐工作，為教局四課保健業務，由課員孫約三承辦，舉凡物資之調配、廚具之驗收，工作也很繁重。

教育廳衛生教育委員會經常蒞員蒞縣督導縣屬各國小辦理午餐學校情況，有時我亦抽出時間，陪同前往，深入海邊山區，輔導各校供應秩序、廚房衛生、工作人員衛生操作情形，查看倉庫管理是否嚴密，食譜分析計算，大部份學校辦理都算上軌道。

尤以中埔鄉中埔國小，辦的最具特色，我與衛教會督導陳永桐先生，看的特別仔細，該校物資由進入倉庫保管，通風設備極佳，設有專人管理，出庫也保有領據，憑領據領用物資，廚房衛生工作人員均穿工作服，小朋均飯前洗手，盛菜分配工作小朋，均戴口罩，小朋友快樂進食，可為嘉義縣各供應國小的楷模。校長為一九四九年山東流亡學校學生撤台劉彬先生，辛苦得了胃病，但他為了小朋友邁力的熱忱，仍然不稍休息，以賣命的精神去苦幹其精神令人敬佩，所以年度視察考評，頒給他教育部獎（當時考評分為最佳教育部獎，其次為教育廳獎、縣府獎、頒發獎狀乙紙）。

但也有學校經營不理想，如朴子大同、倉庫公家物資，竟然流入市面，也有小學把廚餘留作教師福利。教育廳陳永桐督導與我同聲糾正外，違失重大者乃停配數月物資或勒令停辦，以示儆戒。

上阿里山樂野國小視察午餐辦理情形，樂野國小位阿里山上坐火車到奮起湖站下車，由該校校長帶路（因山路曲折，進入山區四面環山，遇到岔路無人帶會走錯路而迷失方向，何況山中偶雲即落雨，校長帶著雨傘隨時撐起）在山中崎嶇的道路走了一個多小時方到學校。校舍建在叢林中山坡上，當地老百姓看到縣府課長下鄉視察熱烈歡迎（因在深山中交通不便，很少有縣府人員上山），校舍簡陋有六個班級一百多個小朋友，但他們非常珍惜運到山上的物資，伙食也辦的差強人意，除用言辭鼓勵外，並與以表揚，縣府頒發獎狀。

夜宿山地同胞、原住民家中，原住民家長熱誠可愛，因山區寒冷習慣晚上飲酒取暖，他們用大碗一大碗一大碗敬酒，不喝又不禮貌。還好隨行縣府教育局二課課員賴慶煌勤上山區，習於與他們飲酒與家長對著喝，一大杯一大杯下肚，一直喝到薰薰欲醉使肯罷休。當晚夜宿山中，涼意沁人別有一番風味，一覺天亮。參加國小升旗典禮，由校長家長領路下山，走到奮起湖站回嘉義市，雖身心俱疲另有一番感受。

一次到嘉義沿海布袋，布袋國小位海邊。該校某年輕老師用摩拖車載著我前往，海邊季風特大，行走在防波堤上，羶鹽味撲鼻，差點吹翻掉入海中。在這物資生活不足的地區，小朋友過著艱困的生活，但小朋友們吃著津津有味的營養午餐，露出天真可愛活潑的笑容，頗使人感動。

建水塔、廁所與牙醫治療中心推行綠化

在一九七一年前（民國六十年），台灣省尚是農業型態，尚未進入現代化。尤其是在嘉義沿海布袋，東石等地，皆食用不清潔的地下水，因此之故，漁民鹽民，患烏腳病者極多，病況十分嚴重，也是嘉義縣政府極頭大的問題，該地區學童，當然也飲用地下水。

台灣省教育廳衛生教育委員會，為了改善學童健康，編大批預算，為學校建設水塔，改良飲用水。縣府教育局第四課，為保健執行者。當時：只要學校申請經教育廳派員會同縣府教育四課，前往察看屬實，即可分別獲得補助款興建。

為核實防備有弊，教育局四課承辦人陳窗忍，不停奔波於沿海學校。（有時我也抽暇前往實地察看，驗收等工作，一時各沿海布袋、東石地區，增建水塔甚多，使許多小朋受益，增進了健康。

在一九七一年前（民國六十年），嘉義縣沿海地區，比較貧窮落後，小學生使用之廁所，大部份是坑式的。而且坑位不夠，每逢下課，小朋友都要列隊等候上廁所，臭氣四溢，影響學校衛生環境。

當時，教育廳衛教會編列預算，改建廁所，地方政府亦編預算配合款，逐步分批改建。

台灣為亞熱帶氣候，遍野種植甘蔗，盛產砂糖，小朋友，喜食甜食，牙齒從小患有齲者甚多。教育廳衛教育會，編列預算，推動設立牙齒治療防治中心，縣府教育局四課令各鄉鎮市，指定國民中心小學，辦牙齒治療中心。中心的治療器材、設備、治療椅等，由教育廳衛教會，統一發標購置，分贈各校，學校只要準備一間教室，粉刷牆壁地貼馬賽克瓷磚，清潔美化，約聘當地一位合格牙醫，每週到校數個上午，替小朋友普遍檢查治療，對小朋友，口腔衛生，齲齒防治，效果良好。

為了保持口腔衛生，全縣分批調訓全縣國小衛生導師，集中受訓演習，推廣新式口腔刷牙訓練，以便使其返回各工作崗位，全面推廣，（過去刷牙為牙刷左右刷，改為上下刷，以去除牙縫中污垢），並推廣上下廁所洗手，飯後漱口習慣，教育廳派孫督導及縣府教局第四課派員，隨時視各校推行情形，並列入考核，推行優良學校，頒發獎狀獎勵。

當時以嘉義市大同國小、竹崎鄉竹崎國小，辦理最優分別獲得省府及縣府的獎勵。

推行綠化：校園除人行道外，所有空地，鼓勵種植草皮，並普遍推廣，選出最優學校。縣府教育局督學課長，組成評判小組，到各校評分（當時教局四課製成表格填列），然後於評比完成後，統計分數，經全縣巡迴多日評分以，布袋鎮六溝國中、內埔鄉龍潭國小最優，並予以表揚獎勵，一時學校推行綠化運動，蔚為風氣。

教育廳衛生督導會報

嘉義縣教師會館之興建

嘉義縣教育局第四課主管業之一的教師福利。嘉義縣靠山靠海（包括阿里山、玉山），地區遼闊，校長和教師們，到縣府洽公，跋山涉水，必需在市區停留一晚，住宿是一大問題。局長馮溥仁先生有鑒於此，願意把所住官舍，無條件的讓出，籌建教師會館，供老師們因公來嘉義市者住宿。但興建經費籌措，費盡苦心，縣府限於會計制度，無法編列預算，那如何興建呢？經與全縣中小學校長，開會研討：採募捐方式進行。但募捐活動，必須經省社會處核准，有省社會處核定的文號，方得為之。於是由縣府備文由我本人親自前往中興新村，向省方進行交涉。

我原在省府所在地，省立南投高中任教，省府人事比較熟悉，於是在局長與同仁勸勉下，由我親自出馬，向省社會處交涉。當時臨汝同鄉魯慶華、辛添福在省社會處服務。而辛添福同鄉，更是負責主辦該項業務，經與接洽，順利通過。由此縣府依據省府核准文號，乃發動全縣中小學教師募捐活動，很快受到嘉義縣教育界的支持，並成立籌建委員會，由國中小校長為委員，教育局長馮溥仁為興建會主任委員，經辦課長為總幹事，經開會決定公開徵求教師會館設計圖樣。建築師設計完成後，公開發包施工，建築成美侖美奐，莊麗輝煌一至三樓教師會館。

落成之日，大家為感念局長捨己為公的精神，由籌建委員會議決，製做一座銀盾，呈送給局長留念。在派代表時，有一老油條吳姓校長提議由我代表送到局長家（局長官舍改建教師會館後，他申請一棟國民住宅），我以為本身為教育局課長，堅辭不去，而改由嘉市民族國小校長張凱翔代表送往。

但事情終於發生，到了中午即接著上級派員到教育局調查。教育局某同仁聞訊後，迅速以電話通知局長。此時局長正在睡午覺，迅速由床上爬起，把玻璃銀盾，用手推掉在地上，銀盾玻璃破碎，隨叫傭人迅速送回製造店商。而調查人員隨即至局長住處，追查此物的質量，局長很輕鬆的說：「紀念品損壞，已送回廠商。」調查人員離去後，事後才知，原來銀盾為黃金打造，我那時進入官場未久，雖然是官居要職，倘未了解官場黑暗內幕。因局長是北方人（蘇北東海人），個性耿直，許多事情，都秉公處理，也因此開罪了不少校長。這些人就懷恨在心，暗中害他。民國六十一年時，正是蔣經國先生擔任行政院長，提出十大革新政策，收賄、接受禮物餽贈，即記二個大過免職，雷厲風行，何況又是金質銀盾，若被抓到，後果何堪想，局長久居官場，處事應變能力敏捷，這點使我內心敬服不已。

大江大海一葉扁舟

民國三十八年（一九四九）五月，共軍華東野戰軍，陳毅粟裕部，率軍由長江下游江陰渡江，攻占蘇州，包圍上海，經數日激戰後，上海易幟。劉伯承鄧小平中原野戰軍陳賡部，由長江中游蕪湖渡江得逞，攻占南京。

此時無錫縣（解放後改名無錫市）縣長馮溥仁，眼見無錫將成孤城，朝不保夕，在動盪的局勢下，與數位幕僚商議，乃購買一艘漁舟，船上堆滿大米，扮成糧商，趁一個月黑風高的晚上，駕著漁船，順長江而下，衝出江口，駛向大海。

一葉扁舟，載沉載浮在驚濤駭浪中向海外航行，船上缺少導航設備，經過兩天，好不容易看見了陸地，大夥喜形於色，奮力向前駛去，突然岸上傳來一陣槍聲，向小舟射來。應是來船不明，不讓上岸。

馮縣長與夥伴們，在茫茫大海中，進退不得，怎麼辦呢？此時馮果斷決定，把身上穿的白襯衫脫下，綁在竹竿上，自己冒險跳下海中（靠近海岸為淺灘，水近腰深），搖著白旗，向岸上走去。當岸上守軍看清楚後，乃停止射擊。馮縣長狼狽上岸，見了守軍師長勞聲寰少將，說明：「我是無錫縣長，逃難海上，望予收留。」勞師長慨然允諾，使瀕臨死亡邊緣的夥伴們得以靠岸，馮縣長可謂「智勇兼備」了。

國軍自舟山撤退，馮縣長也隨軍抵台，在茫茫人海、舉目無親下，找到昔日西北大學同學，時任嘉義市長（當時尚是官派）某君，把他安排在教育科工作，後調升為教育科督學，民國三十九年嘉義市縣合併，馮氏被任命嘉義縣教育科長。

民國五十七（一九六八）年，台灣省為實施九年國民義務教育，各縣市一律改教育科為教育局，局下設課，課長一律由教育人員甄選考試儲訓及格方可派充。

余時執教於省立南投高級中學兼秘書，參加課長第一期甄選試儲訓及格，遴派為嘉義縣政府教育局課長，與馮局長朝夕相處，閒暇聊天中，得悉馮氏這段冒險逃難經過。

馮氏於民國六十一（一九七二）年退休，受聘為私立萬能工商職校校長，六十三年因病逝世。馮氏一生從事教育行政工作，對國家貢獻甚大，特以此文表達對馮氏的追念。

七虎少年棒球隊

嘉義縣體育風氣極盛，我任教育局第四課長，主管推展體育。此時台東縣紅葉棒球隊，橫掃全省棒球界，一時全國各國小練棒球風起雲湧。

在教局四課的督導下，嘉義市（當時嘉義市仍屬嘉義縣），大同國小，亦響應棒球運動。小朋友，每利用課餘，在操場上練習投球，旁邊有一賣糖菓的小販吳敏添，在日據時代讀小學時，就對棒球有所喜愛。每天看小朋友投球，從旁指指點點，學校當局看他有善義，就請他當義務教練。

說也奇怪，小朋友在他的勤加指導下，竟球技大進，參加台灣省各縣市少棒比賽，竟出人意料的獲得全省少棒賽冠軍，遠征東瀛，又擊敗日本代表隊，七虎少棒隊盛名，威震全國。

美國是世界各國棒球發源地，每年一度，威廉波特的世界杯棒球比賽，是世界各國少棒隊，球技爭逐之焦點。嘉義縣七虎少棒隊，既奪得全省冠軍，理應赴美參加角逐世界冠軍寶座，地方人士與家長們躍躍欲試，但當時我任嘉義縣教育局第四課長主管體育，苦於無經費預算，致難成行，徒喚奈何！

此時台中市政府，財政情況良好，體育經費充足，乃願意出其龐大巨額經費，不得已，嘉義縣的七虎代表隊，以台中市金龍隊名義，代表中華民國，赴美國威廉波特參加世界杯少棒賽。

記得比賽的當晚深夜，當年棒球風氣盛行，尤其是嘉義市的鄉親父老，連夜不眠，爭看美國威廉波特的少棒大賽，實況轉播。當扣人心弦，如一球擊為全壘打，歡呼聲震耳欲聾，聲震鄰舍，一時變為不夜城。結果中華代表隊不負眾望，獲得全世界冠軍，凱旋載譽歸來。台北市街頭，萬人空巷，爭睹小英雄的風采。

當小球員，全係嘉義籍，返抵嘉義故鄉，不能不有所表示，但嘉義縣政府，經費捉襟見肘，無預算可支。當時我身為教局四課主管業務，仍出面協調，由縣黨部劉組長出面（縣政方不好出面，只有借用民間團體），有地方人士籌資，雇用十五輛吉普車，遊行市區，這也是我擔任體健課長一件盛事。

宦海生涯

在縣府任課長期間，給我的從政經驗得到最多的，是局長馮溥仁先生。

馮局長，國立西北大學畢業後，即從事多年公職，一九四九年前（民國三十八年），曾任江蘇省無錫縣長（現在的無錫市），來台後又擔任嘉義縣政府教育局督學，後升局長，可說是老資格的公務人員，其所得經驗豐富，人生歷練亦久，在縣府服務期間，因朝夕相處，耳濡目染，並經常在一起聊天，從他的口中，所得經驗頗多。

談起他的宦海數十年，如數家珍。他說：「就怕逢年過節，不少中小學校長，送些節慶禮物之類到家中，不收吧！拒人千里之外，引起無謂的誤解，不好作人。收吧！違犯政風危險。往往有少數不肖校長蓄意構陷，先把禮物送來，接著又密函檢舉，政風調查人員，隨即到臨。那怎麼辦呢？禮物照收，收了原封不動，我即請傭人整包禮物送入救濟院中，然後向院方取到收據。如政風人員來到，就把救濟院的收據，給他們看，已送到救濟院救濟貧童了，請他們到救濟院去查，可躲過一災。」

「對部屬講話重不得，但也輕不得。太重了，容易開罪人，而自己還不知道。太輕了，部屬認主管沒魄力，無關痛癢，予以漠視。所以對部屬說話，要份量適中，洽到好處。」

「在會議場所，講話每句話都要經過大腦過濾，如失言就會鬧笑話。或一時不慎，講錯一句話，一個字，人家也就借此大作文章，所以處處言行謹慎行。」

「議會控制縣府預算，每列席議會，對教育局的官員，不假詞色，開砲猛轟。尤其審預算期間，應付方式，微含笑容，不管議員怎麼說：均不要動容生氣，以謙虛語氣相迎，我改善、檢討，接受。決不可惡言動怒，就是你說的理由正當，議員站在民意立場，決不認錯，並會引發其他議員，參加圍攻。很多新任公務人員，缺乏此認知經驗，狼狽鞠躬下台。」所以一再教導我們應付議會方式。

「許多人情事故，送往迎來，在官場無法避免的。一次上級（教育廳）來嘉義一官員到縣府，中午午餐時間已到，不能不招待來賓一餐便餐，但教育局無項預算，也無法報銷。於是，臨時打電話給市區南興國中楊校長，請他作陪，當然；吃完了飯由南興國中付帳。」

「但楊校長係師大體育系畢業，在南興國中開罪了人，知道這件事情後，一狀告向法院。法官問局長：『有否校長請你去吃飯？』馮局長回答的很乾脆：『吃了，我是作陪客的。』又躲過一關。

「應付媒體　也要要有一套　因很多政策性的人事案件，尚未形成，即被走露風聲，引起軒然大波。局長白天不處理公文，因白天人來客往，川流不息，對事件不能形成思考，深入分析研究，一旦公文放到辦公卓上，被媒體記者批露，即引起風暴。所以馮局長每天一大早，就最先到局長室，把重要公文即時批閱完畢，等大家上班，他即如平常一樣，不會在人事上，政策上走露半點消息，引起風波。」

為官之道，路途險惡，艱苦自知，我也從他的口中，吸取不少寶貴經驗和學問。

苦讀進修

督學課長第一期結業同學，係台灣省教育界甄選之精英，被派任為縣市教育局課長或督學，經短期歷練後，這批人才，有許多本省籍學歷高的，有調升局長或教育廳科長，如教育廳主管全省職教育的三科科長江文雄，教育廳副廳長林昭賢（後又調教育部政務次長），台北市教育局副局長蔡榮桐，台灣省教育廳四科科長沈秀雄（在嘉義縣政府教育局我擔任課長，他擔任督學），調到國民中學當校長的最多，也有已從國中校長調升為省立高中校長的，但必須具有研究所或大學畢業學位，我雖經過多次考試，實力不弱，但每因準備參加考試，就未顧及到大學進修個學位。在省立南投高中任教時，本來想就近考中興大學夜間部進修，但當時省立南投高中聘用教師，對大學夜間部的畢業，均未聘用過（省立南投中學職員李○○在中興夜間部畢業後，學校未留用他，校長給他介紹到南投縣立商職任教）。所以我個人認為，考試及格的教師，別人不敢輕視，知道他有一定的份量，如再去讀夜間部，反而減低自己份量，也沒有必要，所以都沒考慮去讀夜間部，拿大學文憑了。

但考取課長後，走馬上任，看到第一期同學，紛紛調國中校長，而自己只有高等考試，高中教師資格，無張大學文憑，不能外放，而悔恨莫及。而本身又是外省人，地緣關係，縣長為民選本省籍，不可能用外省人擔任局長（高考及格有任局長資格）。痛定思痛，在學力上也要補上空白，乃考取國立高雄師範大學國文系，白天照常上班，處理繁忙公務。利用下班後，即匆忙趕往嘉義火車站，經二、三、小時的火車車程，又轉公車到校上課，下課後趕回嘉義住處，已深夜十二點矣，在冬天冒著寒風雨露，吃冷的便當充飢，利用坐火車上的時間，看些教授所講的課業，個中滋味，非經過不能知，但為了取得大學學歷，咬緊牙關，也得熬過。

終身大事

縣府教育局同仁陳秋蘆小姐，福建省龍岩縣人，其父陳清金母郭翠蓮，在日據時代，剛結婚後來台，服務於嘉義中華會館當書記，寫的一手好毛筆字。抗日戰爭爆發，日本人懷疑他為中國派來間諜，被捕入獄，一直到民國三十四年抗戰勝利，日本人投降，才獲釋。後服務於嘉義高工職員，因在獄中受盡折磨，體弱多病，不幸早亡。其大女兒陳秋紅適嘉義女中畢業，進入省立嘉義高工任打字員，乃挑起負擔家計。當時妹弟幼小，在艱困中度日，適民國三十八年（一九四九），國軍七十五軍駐嘉義，參謀長張立夫在嘉工演講，而認識陳秋紅，相戀而結婚（後升任五十一師師長，馬祖指揮官，國防部參謀次長，受蔣介石賞識調任陸軍官校校長）適陳秋蘆省立嘉義師專畢業，任教嘉義縣梅山鄉梅山國小，經張立夫的幫忙，仍調入嘉義縣政府教育局管理教育經費推算工作。因我於民國六十年，派任嘉義縣政府擔任教育局第四課擔任課長，辦理體育，需大批經費預算，因業務關係相識相戀，訂於民國六十一年十二月籌辦結婚，結束多年來飄零之單身生活。當時正值蔣經國先生組閣出任行政院長，推行新政，徹底實施十大革新措施，雷厲風行，婚宴喜慶舉辦的酒席，不得超過十桌，尤其公務人員，如有趁機打秋風情形，違犯規定，記二個大過免職（當此之時內政部一專員，即違犯禁令，宴酒超過十桌，慘遭免職）。

為了婚宴，真的傷透腦筋，多年至親好友，不能說：結婚了，連個請帖都不給（多年來朋友結婚，我都會送上一份厚禮）。情理上也說不過去。但如喜帖發多了，朋友都來了，超過了十桌，出了事情，那又該怎麼辦呢？我在縣政府，又是教育局課長，縣屬中小學二百餘所，加上地方士紳關係，體育界人士，如何能做到保密到家，不使婚宴消息走露，真是難上加難。所以喜帖也不敢發，縣府教育局同仁，口頭通知，無法避免，府外只電話通知一人（李克忠校長，為兵工廠的舊同仁好友），其他一張也不發。結婚地點：怕張揚出去，也選擇人不注目的小餐館，結婚之日，雙雙到法院公証（當時嘉義地方法院公証處公証人張謙曾說：為倡導節約請記者攝影，在電視上廣為宣傳，當時被我拒絕，如此以來，事態不是更擴大嗎？）不舉行任何儀式，以免事態擴大。

縣外至親好友，限量發送喜帖，因控制嚴密，還好結婚當日，宴客洽好十桌，未超過蔣經國院長十大革新的規定，乃得圓滿順利完成。婚宴乃成家立業之大事，逼得在機密中進行，實有不得已之苦衷啊！

案牘勞形身心俱疲

縣長黃老達於六十一年底任滿四年，嘉義縣長得重新選舉，當時國民黨中央，提名陳嘉雄為縣長候選人。

陳嘉雄嘉義縣嘉義市人，國立師範大學教育系畢業，創辦縣立蘭潭國中校長，操守廉潔，苦幹實幹，並將家中資金，購買交通汽車數輛，接送學生上下學（陳嘉雄兄在嘉義市開南門小兒科診所，生意甚佳，蘭潭國中　設立蘭潭水庫畔，距市區較遠，學生上下學不便）。蘭潭國中，在陳校長領導下，校務猛進，升學率亦甚高，故嘉義市的家長們，爭先把子女送入該校。陳嘉雄在此盛名下，深得經國先生的賞識栽培，乃獲得中國國民黨中央黨部提名，為嘉義縣長候選人。果不出人所預料，高票獲得當選嘉義縣長，於民國六十二年一月就職。

陳嘉雄到職後，即實行行政革新，他親自抽查縣府公務員上班情形，發覺縣府主計室主任，上班遲到，竟記大過二次處分。一時縣府服務公職人員，上下班，沒人敢遲到早退現象。縣府教育局，課員編制員額，只有十二人，要處理全縣教育業務，因業務不斷的增多，業務的需要，縣府不時從學校教師中，調入縣府教育局工作，歷任縣長調教育局人數，多達十多人（內人陳秋蘆也是其中之一）。

陳嘉雄縣長上台後，即勒令強制歸建（當時四課調用老師有黃素香老師，品德服務均佳，陳窗忍教師能力很強），如一回去學校，影響業務至鉅。還有局內其他調局服務的老師，聯名懇請留局，上報告給陳嘉雄縣長。當時他們託我代筆起稿，灑灑千言，但報告送呈縣長後，仍遭批駁，一概不准留下（當時的主任督學為張英偉，以向討厭教局安全組數位調用人員，認為他們平時作威作福，張為師大教育系畢業，與陳縣較接近，在其蠱惑下，陳聽信其言，仍堅決調用人員回校任教）。

當時教育局四課，只剩下課員黃嘉宗，（嘉縣布袋鎮人，師專畢業，普考教育行政及格），另一名年老課員孫約三，課內業務繁重，外要主辦全縣運動大會，青年運動會，每月固定的單項運動比賽（如吳鳳杯網球錦標賽），全省性）南部七縣市每月的運動活動，參加全省運動大會，代表隊的組成，營養午餐的督導，衛生督導與研習，忙的人仰馬翻，真是分身乏術。

最棘手的業務部份，還是體育部份：為組嘉義縣代表參加六十二年十月廿五假桃園縣立體育場全省運動大會，在會前先舉行各單運單項運動委員會分別開會，選出代表隊，嘉義是農業縣，體育經費本不充裕，各項代表隊成員，組織複雜，但嘉義民性強悍，體育風氣盛，其體育界人士也龍蛇雜居。如嘉愛射箭的名醫林國川博士（在嘉義市中心開有林國川外科醫院），柔道高段，省立嘉義醫院外科陳主任，台灣國術會理事長童金龍，師專農專數位教授，北興國中體育組長江宏城，對體育的倡導，均不遺餘力。但也有鍊球黃〇〇拳擊代表〇〇（也有茶室保鑣）桌球黃〇〇（亦稱黃雙妹，雙手發球，威不可擋（出身在桌球卓計分小姐），組組成龐大代表隊二百餘人，我為總幹事率領乘火車到桃園縣桃園國小選手村進住，當時縣長陳嘉雄為領隊，局長馮浦仁為副領隊，一律住進選手村（教室內鋪上毛毯，縣長以身作則，不能有例外。只有桌球選手陳〇〇例外要求住飯店，與課員發生爭執，縣府限於經費，當然不允許，她在震怒後，早上洗臉時，竟將一盆洗臉水，澆頭潑向該科員頭上，正是十月底天氣已有寒意，縣長局長親眼目睹，拿他也莫可奈何（概當時正值比賽前夕），社會人士，他也不怕記過處分，如去掉他代表資格，嘉縣將盡失一塊金牌，課員也自忍倒了大霉，摸摸子算了。

所以帶領龍蛇雜居的代表隊，比帶領一群馬戲團還困難，雖然五天比賽下來，為嘉縣爭到不少金牌，但身為總幹事的課長，居協調折衝角色，心中有多少辛酸。

省環境衛生督導團來縣督導環境衛生，包括學校、鄉鎮社區，又馬不停蹄的陪同他們到海邊布袋鎮，東勢鄉巡視，看到水溝堵塞，汙垢積水，蒼蠅亂飛，海邊小孩不穿褲子，在水溝內大小便，臭氣四溢，連中午的便當都難下嚥了，個中滋味，實無法用筆去形容於萬一，省督導人員，一一列如追蹤考核，縣府要經常派員督導。

民國六十二年主辦全縣運動大會，身為總幹事，主導大會各項比賽事務進行，又怕出差錯，引發輿論批評。為了榮譽，日夜操勞，大會雖圓滿結束了，但我個人突然高燒不止，住進嘉義市聖瑪爾丁醫院。一連數天，仍無法止燒，主治大夫急的直搖頭，無法由內人連夜陪同下轉入台北榮民總醫院，住院多日，也找不出發燒原因。此時內人大姊夫張立夫將軍也調總統府第一局長，曾以電話拜託榮總院長關注，後經核子掃苗，找出病因，是累勞引起甲狀線發炎，經對症投藥後，數日後痊癒。（此時非常感謝，住台北的內人大姐陳秋紅，多次到醫院探視，內人趕回嘉義上班）

返回嘉義縣府，隨省衛教會孫督導，下鄉巡視學校牙齒衛生推動情形，在吃中午飯休息時，他說：「你這是罕見病例」。（孫督導師大衛生教育系畢業，對醫學常識頗豐）

接著　人少事繁，忙不完的公務，（調用教員歸建後，四人只剩二個課員辦事應付一般業務，都忙不過來，再加上縣府外，體育衛生午餐活動與督導，真是焦頭爛額來形容，（這都是陳嘉雄縣長，只知革新，但不了解縣府教育局業務運作情形）處在此環境下，真有口難言啊！

陳嘉雄縣長（拿弓者）

陳嘉雄縣長

嘉義名醫林國川博士

嘉義縣省運代表隊

忽萌辭意重執教鞭

在縣府教育局四課業務繁冗的不可開交之時，接著小孩汝洲的出世，對有繁重職務的我，與職業婦女內人來說，更是一大衝激。

我與秋蘆，白天都必須上班（秋蘆在陳嘉雄當選縣長上任後，即被調回嘉義市大同國小教書），孩子缺人照料，不得已，白天付錢託人看顧，夜晚帶回自己照料，但給人家帶，孩子照顧欠妥，經常生病，發燒。尤其是夜晚帶回時，高燒到達三十九度以上不退，嘉義地區醫療水準比較差，就連夜乘火車趕往高雄市八〇二總醫院民眾診療院，經該院內科主任羅恩宏的診治後，方能痊癒，經常如此。接著女兒汝慧出世，更是忙的手足失措。

看著孩子的可愛，天真的臉蛋，實在不忍心讓孩子們受罪，（當時台灣工業正在起飛，婦女都進入工廠，無人願意屈就傭人）。託人照顧，小孩常生病，在萬般無奈下，才靈機一動，想到我本身原是高中合格教師，如能到夜間部找一教師工作，秋蘆白天去教書，我可以在家照顧小孩，夜間部晚上我去上課，秋蘆可留在看顧小孩，把時間錯開，家中經常有人，看顧小孩，孩子可以得到溫暖平安的照顧。當時所受煎熬矛盾心情，非經過者，難以體驗於萬一，「真乃「不養子不知父母啊！」

為了小孩有倦勤之意後，民國六十三年七月初，就接到台灣省立嘉義高級工業職業學校校長張幹念的聘書，乃決心重執教鞭，把孩子帶到進入小學讀書後，再從公務人員從政工作。（反正我有恃有公務高等考試教育行政資格，又經課長及格）。

當我辭呈遞出後，經局長當面慰留，但我辭意已決，局長才轉呈陳嘉雄縣長，縣長看完辭呈後：「你課長幹的好好的，為甚麼要去教書呢？」經我把自己為了照顧小孩，二全其美緩衝之想法後，他面露笑容才說：「我勉於同意，隨時歡迎你再回來縣府。」「你要想回來，不要找別人來說，給我一個電話就可意了。」於是為了家庭小孩，不得不暫時揮別政壇，重回學校執教鞭。

辭職消息曝光後，驚動嘉義政壇，台灣銷路最的：「聯合報」，即在地方版報導：「縣府毛忠武課長，因教師待遇好才棄官就教師職。」報紙公佈後，引起各界議論紛紛，因為在縣府辦體育活動，各大報記者都很熟，弄得我百口莫辯，難以封鎖新聞消息，也只有隱忍於心。

台灣省南部七縣市第七屆優良社教人員優良事蹟表

民國六十二年十一月十六日
省立台南社會教育館　印

照片	分類	服務單位	職務	姓名	年齡	籍貫	優良事蹟
	行政人員	高雄市政府教三課	課長	蔡榮桐	33	台灣南縣	辦理南部七縣市六十二年度社教聯合活動，成績特優。
	〃	嘉義縣政府教四課	課長	毛忠武	41	河南臨汝	辦理南部七縣市六十二年度體育聯合活動，成績特優。
	〃	屏東縣政府教四課	課長	戴秋澤	53	台灣屏東	一、從事社會教育近卅年，刻苦耐勞，勇敢負責，為傑出之社教鬥士。 二、推行全縣全民體育，及主辦省運與中上運動會，共計榮獲記功十次，嘉獎十五次，獎狀二張。
	〃	高雄市政府教育局	課員	吳加祿	44	廣東	一、服務社教工作達廿四年，工作認真熱忱負責。為不可多得之社教人才。 二、辦理社教活動，推行社教建設，任勞任怨，曾獲嘉獎四次，記功三次。 三、主辦夜間運動會，披星戴月，沐雨櫛風，悉心擘劃，備嘗辛勞，開創體育史上之新頁。
	〃	省立台南社教館	幹事	李唐	59	廣東五華	一、服務社教達廿五年之久，勤奮負責，不辭勞怨，年高彌堅，為難得之社教勇士。 二、承辦社教業務，計劃周詳，執行徹底，尤取予不苟，淡泊明志，誠屬可貴。
	教職人員	台南縣立柳營國中	校長	王雁彬	44	吉林長春	一、推行音樂教育、發揚中華文化、學生參加音樂比賽、民族舞蹈比賽，均獲全縣冠軍。 二、參加童軍訓練，榮獲嘉獎。暑期青年自強活動，擔任匪情分析，時事評論，非常熱心社教。
	〃	台南市立安平國中	校長	孫花甲	45	台灣南市	一、推行社區服務，舉辦文康活動，改善公共場所環境衛生，實施碗米濟貧，曾獲好人好事表揚。 二、推行儲蓄運動，連獲60、61學年度全國最優單位，榮獲記功。
	〃	澎湖縣立馬公國中	訓育組長	藍順合	40	台灣澎湖	一、推行中華文化復興運動，極備辛勞，成績優良。 二、推行實踐國民生活須知，獲全縣最優單位。 三、熱心音樂教育，指導學生參加音樂比賽，合唱比賽，獲得冠軍。
	〃	澎湖縣石泉國小	教師	許桂抵	37	台灣澎湖	一、組隊參加各種體育活動，曾獲縣政府嘉獎。 二、協辦縣運十二年之久，不辭勞怨，曾獲縣長嘉獎。 三、推行全民體育，改善社區環境衛生，極具勞績。
	〃	屏東縣大明國小	教師	林國鈞	36	台灣屏東	一、配合學校行政推行社會教育，熱心戮力，成績斐然。 二、推行小康計劃，利用私人住宅，設立針織小工廠，收容貧困婦女，指導技藝，輔導就業。 三、宣傳政令，並督導學生整理社區環境，改善社會風氣，極獲好評。
	〃	高雄縣立岡山國中	教師	韓永	37	台灣高縣	一、利用社會資源，提倡藝術教育，成績卓著。 二、協助南部七縣市水墨畫巡迴展覽，熱心負責。 三、倡導家庭畫室，倡導兒童家庭繪畫活動，使藝術教育，深入家庭及社會。

第十二章

應聘台灣省立嘉義高級職校教師

擔任高工國文科三民主義科教師

省立嘉義高級工業職業學校，規模很大，為日治時代所創設，歷史悠久，設備完善，為雲嘉地區之名校，學生上萬名，教職員三百餘人，每年錄學生程度甚高，尤以電子科，化工科，機械化最為出名，學生畢業後，出路亦廣，每年在高三下學期，學生即被預訂一空，雲嘉工業界鉅子，皆出身自嘉工，可見名氣之大。

原任校長唐智先生，為經國先生四大金鋼之一（四大金鋼為王昇、潘振球、李煥、唐智），為經國先生之紅人，由嘉義高工校長調任省立台北工專校長（後改為科技大學）。現任校長張幹念先生，廣東省人，國立中央大學機械系畢業，他也非常歡迎我來嘉工任教。我於六十三年八月一日到職，一時脫掉身上肩負的繁重業務，真有「無官一身輕，有子萬事足之感。」

教務處排了高中國文一班，高三的三民主義三班課，白天，可以帶小孩到嘉市中山公園遊玩，在古樹遮天，綠草鋪地的孔子廟前小憩，逗兒女玩，一時真有脫離塵囂，享受天然美景，子女快樂幸福之感（我家居住山子頂一四〇號公園旁公園新村）。

但是亦有使人心理感到不爽之事，帶小孩在省立嘉義醫院門診部看病，遇到嘉市某國小校長，有點沒從前那麼殷勤打招呼（在課長任內，該校長是見面殷勤非常有禮貌，但課長不幹了，去教書了，態度上一百八十度大轉變），使人心深深感到人的勢力眼，世態炎涼的感嘆。我還年輕，我不能一輩子甘居粉墨生涯，等孩子大點讀小學的時候，我仍要走上政壇。

還有一次嘉義高工同仁譚兆鵬，講話時語帶不尊重樣子「從政府課長不幹，要來教書。」聽後使人氣憤。也有許多同仁很友善，學生當然素質高，教起來倍感愉快。我曾代表嘉工舉行嘉義區高中觀摩教學，高中三民主義科觀摩會執教教師，我一節教下來，在檢討會上，獲得參與教學者的一陣佳評，這也是使我三民主義專業，有露一手的機會。

教書帶小孩的歲月，雖平凡但也有樂趣。

陳嘉雄縣長遽逝任上

六十五年的一日下午，帶孩子在公園玩回家中，內人陳秋蘆自市大同國小騎摩車返家，我正準備拿起課本　騎摩拖車（當時的交通工具）到嘉義高工夜間部去授課，順便打開電視機一看，大吃一驚：「陳嘉雄縣長遽逝。」使人震驚不已。

概嘉義縣長陳嘉雄，個性甚強，作風一向強硬，對縣議會議員從不買帳。過去嘉義縣有一慣例，就是每年的地方預算，由議員按地區，每一議員，可分配到數十萬建設經費（六十五年數十萬數字甚大），可由議員個人支配，但陳嘉雄上任後，他要改革此一陋習，每年預算全部由縣府統一運作支配。當然引發眾多議員不滿。還有議員受人之託到縣府找縣長說項（有關人事調動，建築執照）陳縣長公事公辦，一律不買帳，致引起議會議員不滿。

民國六十五年五月，適議會開大會，縣長列席議會作施政報告，遭到縣議員的輪番猛轟，陳嘉雄縣長個性強，即在議會內台上，氣的臉色發青，當走下議壇，回家後即感身體不適，緊急送醫，途中即命喪黃泉。

陳嘉雄一生志在為民服務，清廉自持，縣民聞訊縣長遽逝，悲慟欲絕。（得年才四十九歲），其父陳老先生，正在東瀛旅遊，聞訊緊急返台，當看到自己的兒子時，陳嘉雄從口中噴出鮮血，（當時曾有人傳言，含冤而死的，看到親人即有此現象）。

陳縣長遽逝任上，在台灣的民主史上，尚為首次經國先生聞訊（當時的行政院長），親自趕來嘉義，多次探視亡靈，撫慰遺屬，可見愛才之深，心中的悲痛。

埋葬之日公祭，余亦念其曾為直屬長官，親往弔唁，同時心中亦難過多日，如不是他堅持改革，可平安作縣長，獲得連任，甚至二任期滿，獲蔣經國賞識，可能更上一層樓，扶搖直升，可惜他不識時務，一任縣長未滿，即遽逝任上，這也是台灣民主的悲哀，令人扼捥長嘆也。

當天給學生講話無心，一直到二週後。心才恢復正常。對民主鬥士的死亡，不勝唏噓。

重考督學職

時光過的很快，在省立嘉義高工教書很快六年過去了，汝洲已可隨媽媽早上騎摩拖車載著上學了，汝慧已可送到幼稚園上學了。此時我白天閒的無聊，我心中轉想，不如再回公務員教育行政工作上去，以實現教育理想抱負了。決定後，但過去陳嘉雄縣長在我辭職時的承諾：「只要想回縣府，給我一個電話就可以了。」他現在已去世了（縣長換為涂德錡與他並不熟識），所以只有再參加六十八年督學甄試，由教廳重新派任了。

當時嘉義縣政府參加的有教育局同仁有：謝遠明、賴慶煌、嚴崇岳等，以及嘉義地區幾位國小校長，就在三月初旬，赴台中市參加六十八年度督學課長甄試，考試前一日晚，同宿台中後火車站某大飯店。第二天在台中教師會館大廳應試，也是分筆試口試分組進行，參加的人有六百餘人，錄取督學十三人，課長十人。又在四月初旬，到中興新村台灣省訓練團報到，接受為期三個月的集訓。

到省訓團報到的當天，由省訓團派的生活輔導員盧儒　先生，給人的印象特別深刻，他年約六十餘歲，但看上去約四十多歲，體力好、精神健旺、態度和藹可親，雖是廣東籍，但國語正確，見過一次面，即能背記每個學員姓名，學力、出身。他對我苦學經過，特在同學面前予以表揚，並叫我報告擔任課長時的甘苦，與同學們分享，早上起床後，一改省訓團過去刻板的生活，他會帶我們到省訓團附近山上去爬山，直到汗流浹背。課餘，會聚合同同學們一起唱民謠，如：「我從山中來，帶著蘭花草」、「小城故事多」等名曲，由擅長音樂的學員（如屏東籍的吳坤良學長帶動教唱），在他的多元生活輔導下，學員生活富有多彩多姿，生命與活力，他實是為國育材的能者。

教育廳派駐輔導員有二人，一位是陳芝堂為台中市教育局主任督學（後調升為高雄縣教育局長），為資深教育行政人員及輔導督學組。另一位為苗栗縣主任督學輔導課長組謝沐霖，他是我督學課長班第一期一齊甄選及格同學，後派苗栗縣以後升任主任督學，這樣的場面實令我尷尬。

前來授課的講師，有師大教育研究所所長黃坤輝博士（留美教育博士）、政大教育研究所所長、和師大政大博士教授十多人及許多國內知名學者，所講內容皆極精采。一日突然蔡瑞榮來省訓團授課（他為督學課長班第一期同學，原派任台中市政府教育局督學，後調國中校長）所談得題目為「縣市督學行政經驗與學校行政經驗」，離開教育行政後六年變化是多麼的大，他在台上授課，我坐在台下聽，真不勝尷尬，感觸特別深刻。

這次受訓學員，皆精挑細選年紀輕學歷高，並經高考教育行政及格。受訓很快三月過去，許多同學被分發縣市教育局服務，各奔前程。

與我受訓時同室學友吳延齡甚聰慧師大畢業，分發台南縣很快升任局長。劉德勝桃園縣人，高雄師大教育研究所畢業，高考教育行政及格，分發桃園縣政府督學又考取甲等特考（簡任任用），很快調升教育部僑務委員會僑教會副主任委員，後調任南非大使館文化參事。藍順德桃園縣人，師大研究所畢業，高考教育行政及格，結業後分發基隆市政府任督學，又參加國家甲等考試（簡任職考試），很快調升教育部國教司司長。吳坤良屏東縣人，高雄師大教育系畢業，高考教育行政及格，分發屏東縣教育局督學，很快升任屏東縣教育局主任督學。，林寶山，高雄縣人教育研究所畢業，結業後，赴美留學獲教育博士學位，應聘高雄師大輔導系教授。李宜堅高雄縣人高雄師教育系畢業，分發高雄市政府任督學，後調為高雄縣主任督學，省教育廳輔導團團長。後我在台北縣政府（後改為新台北市）任督學，後調任中正國小校長，他到台北縣輔導時，特別到處找我）。

我被派為高雄縣政府督學，此時黨外勢力在高雄縣奪得政權，黃友仁執政（黃為余登發的女婿）拒絕接受台灣省政府（國民黨）所派行政人員（督學法令規定為台灣省政府權責，時民進黨意識型態故意反對），省府又改分發彰化縣政府督學（彰化縣為國民黨吳榮興執政），余於六十九年一月辭省立嘉義高工教師職，赴彰化縣政府報到，內人陳秋蘆亦調彰化市泰和國民小學教師職。

臺灣六十七年縣市教育局督學課長甄審錄取名單

姓名	錄取類別	現服務機關	職稱	備註
藍順德	督學	桃園縣政府教育局	課員	
梁茂林	〃	高雄市五權國小	教師	
劉德勝	〃	臺灣省國民學校教師研習會	輔導員	
吳坤良	〃	屏東縣立鶴聲國中	教師	
羅茂順	〃	嘉義縣政府教育局	課員	
吳延齡	〃	臺南縣 〃	〃	
洪漢濱	〃	高雄市十全國小	教師	
游長安	〃	臺北縣政府教育局	課員	
張福全	〃	臺南縣岸內國小	教師	
林朝夫	〃	桃園縣桃園國中	〃	
林資山	〃	教育部	科員	
溫彩棠	〃	桃園縣大竹國中	訓導主任	
李訪賢	〃	苗栗縣卓蘭國中	教師	
楊永慶	〃	臺北市政府教育局	科員	
毛忠武	〃	省立嘉義高工職校	教師	
蔡哲生	課長	新竹縣政府教育局	代理課長	
陳勝發	〃	臺東縣立東海國中	教務主任	
莊和雄	〃	宜蘭縣政府教育局	課員	
周在華	〃	臺中市政府教育局	〃	
李宜堅	〃	高雄市 〃	〃	
陳秋林	〃	臺中縣 〃	專員	
黃春雄	〃	嘉義縣 〃	課員	
謝春雄	〃	新竹縣立照門國中	訓導主任	
鄒新榮	〃	新竹縣政府教育局	課員	
施慶賢	〃	彰化縣 〃	專員	
計廿五名				

第十三章

派任彰化縣政府督學

負責視導員林鎮溪湖鎮二水鄉

彰化縣是台灣省中部彰化平原的農業大縣，盛產稻米、水菓（彰化員木溪湖一帶葡萄園遍地）、蔬菜（永靖為集中區供應大台北都會區）、花卉（集中田尾鄉有花卉公園之稱），員林鎮的花菓山風景區更是聞名。

我於一九七〇年五月一日，到彰化縣政府報到就職，我負責的視導區是員林鎮、溪湖鎮、二水鄉、花壇鄉、埔鹽鄉、田尾鄉、國中國小，和私立高職輔導工作。督學工作較課長工作輕鬆單純許多，何況督學使命，是居於上級督導的地位，所以到各校視導，備極受到尊崇與禮貌。尤其是鄉村國中國小，見督學來臨，環境整理的特別乾淨，連紙屑都檢的乾乾淨淨，甚至有的學校，以代語播音，說明督學已經蒞臨，提醒全校師生，上課要正常，守秩序，所以如督學平常視導，如學校知道督學視導行程，難看到學校辦學真象。所以我視導行程，時常改變，目的在了解學校實際狀況。

我到校視導，必先繞學校一週，看上課秩序，如果一位老師，把上課秩序控制的有條不紊，必定教法良好，課前準備充分，能吸引學生的注意力，秩序良好。如教師教學不用心，拿著書胡扯，學生聽的無心，當會交頭接耳，秩序不佳。如果一個學校都是負責認真的老師，這個學校呈現必然是秩序井然，成效良好。否則必定是治校無方，教學基本上發生問題。所以我到學校視察，站在校園一聽，就知道這個學校辦學的好壞。

另外到校視導，我必抽查學生作業，一個老師的勤惰，從作業的批改中，可以一目了然。概勤勉的老師，學生的作業批改，必然仔細，相對於馬虎的老隨便打個勾的糊弄過去的老師。所以當時我視導過的學校，凡發現作業改的仔細，教法良好，管理學生適當的好老師，我必適時與之鼓勵。

還有視導時，中午午餐問題，記得當時督學第一期同學連瑞金，分發在彰化服務，他為人清廉勤勉，每次視導學校，必於升旗前趕到學校，參加該校朝會，升旗典禮，隨身攜帶便當，視導到了中午，不接受任何午餐招待，可說是認真清廉了。但每年凡分配到他的視導區，學校當局及老師都感受吃不消，因從早直看學校作息到晚上降旗，看完放學路隊才離開，罵聲不斷。

我在視導學校過程中均拒絕午餐，但在員林視導某國小時，其校長說：「我兒子在員林鎮上開了一家腦科醫院，不用公費是自己出錢請你吃個便飯。就是朋友來了，中午也應該請餐便飯吧！」當督學遇到如此場合，要推拒真是不易。於是我說：「買個便當就可以了。」

省立員林實驗中學，係山東流亡學生，河南流亡學生逃到越南富國島隨黃杰兵團來台，一部份升上大學，但也有大部集中在員林實中師範班，畢業後在彰化員林地區服務最多，也有部份自花蓮師訓班轉業老師，與本地籍校長，時有摩擦，督學在此時，安慰這批外省流浪台灣的轉業人員，一面斡旋校長與老師之間，起了潤滑作用，解決了許多衝突，避免了許多可能發生的問題。（高雄縣某鄉區國小，因與校長衝突，某退役轉業軍人竟持槍，擊斃校長不幸事件）。

反正視導區督學，要具有耐心、愛心，處理問題。

處理縣立二水國中控案

督學主要的工作是輔導學校教師教學輔導工作，但實際生用在教學輔導工作實在有限，大部分都花在處理學的控案糾紛上。老師控告校長，學生家長控告老師，視導人員，疲於奔命。

本人遇到大一宗案件，是發生於縣立二水國中。（二水為當時副總統的故鄉，他把二水街上故居，改為家政推廣中心）在二水鎮推廣家政教育，據當地人說：「副總統祖墳二水西邊山坡上，風水特別好，所以才產生個副總統，風光優美所以人才輩出。」

在副總統的墳的山下，一塊平原坡地上，建有二水國中。學校有三十多個班級，校長蕭石定先生，為我台灣省縣市教育局第一期督學課長班同學，經派往彰化縣政府督學，後外調為二水國中校長（蕭校長師大教育系畢業，後由二水國中調升為台灣省立員林實驗中學校長）。

二水國中有一位退役轉業軍人，陸軍軍官學校畢業，浙江省人，在該校任職員。該校一位出納組組長出缺，該員爭取遞補。但校長蕭石定，另選一位女性職員，具有會計背景者遞補，引發該職員不滿向各界控訴，包括縣政府，省教育廳，監察院。歷任視導該區督學，視為畏途，均不敢深入調查。因為該員脾氣粗暴，竟然在校長主持會議時，而他在後面口出穢言，大聲叫囂，甚至學生朝會也如此，校長拿他沒辦法，弄的學校雞犬不寧。

我視導該區，本想善意對該員加以勸導，但一接觸該員即神經似的大發雷霆，無法合作。於是乃選定一日余到二林國中，徹查該案。但又擔心該員動粗，乃在校長室進行。通知校長、人事、安全、教務、訓導、總務各處室主任、文書組長，到校長室集中，利用一張長型會議桌，校長及有關主任，分坐於二旁，文書組長作記錄坐旁邊作作紀錄，根據該員所控各點，一一詢問，均查無實証，並當面對面對質說明。為了該案整整耗了一整天時間，文書組長紀錄，從上午九時，一直詢問到下午五時（中午不休息由學校買便當供應）讓該員對學校不滿所控各節使他暢所欲言。牽涉到校長、及各處室主任者，有關人員對負責各點一一作答，然後查証，文書組長，也一一作成詳細記錄。

該員陳述，他心中不平者，即在職員資歷中，以他的資歷最久，依道理他應升任組長。但校長與人事均說：「出納為專業人員，必須受會計專業訓練，懂得記帳與借貸款原理，該員軍校畢業，無此專長。」另出納組長因管理財務，必須有鋪保，該員回答說：「他找他岳父作保。」經詢問人事：「他岳父基於親戚，出面保證，但後來又暗中撤回。」其他有關所控校長、總務、教務、訓導各節，均當面對質說明，查無實證。為該案整整耗了一整天時間，文書組長也記錄了十幾張十行紙，詢問完畢，並各自簽名無誤，攜回縣府逐條釐清。為此案，整整費了幾天時間，尋找法令，一一解答。作業完成後，經呈縣長批示後，以公文正本函該員、教育廳、監察院。該員接到公文後，也未再申復。聽學校校長蕭石定向我報告，該員收閱公文後，自知無理取鬧，也不再在學校到處謾罵了，學校從此安定，教育局長郭治華，曾公開在局務會議上，公開表揚我對此案對教育學校的貢獻。

過段時日，余又到該校視導，指示學校調整該員職務。聞該員喜讀英文，交代學校將該員由總務處調到圖書館工作，該員情緒稍安，以後也未再見他有控案申告，學校也可安心辦學了，學校得以正常發展。（以後蕭石定校長調升省立員林實驗高中校長）

老師補習事件處理

六十七十年代，國中、國小補習風氣猖獗，督學接到檢舉案件接連不斷，檢舉書到達縣府後，我亦即時處理。但有時，也基於其他因素，更要考慮到保護自己，及事件發生後處理不當之後果。

中部某縣市，一位學歷很高，但年輕閱歷不深，無經驗的視導人員，視導區內有某教師，聚集學生在補習，該視導人員即冒然進去突襲。結果，一進住宅補習處，衣服即被一位婦女撕破，狼狽而逃。還被屋主告了一狀。因督學並未有私法警察身分，侵入私人住宅（老師補習都在私人住宅區），與法不合的。

七十年間，員林鎮某明星國中，被家長檢舉，在某街某號，樓上有補習情事（實際上，許多檢舉書，均係學校本校內教師之間，人事不和，挾私怨報復。）我收到檢舉書後，我利用下班後晚上時間，親自去察看。看到樓上燈火通明，確在惡補，幾經考慮後，我沒即時闖入。

返回縣府後，以縣府正式公文，函請員林警察分局派員協助處理。乃利用天色入晚，會同武裝警察二名，抵達現場，但已風聞縣府決心懲處，已鳥獸散了，如被抓到，當記過處分。校長也會連帶受申誡處分）。

溪湖鎮某名星國小，某老師補習被檢舉情事，該老師即透過某同仁送來數千元，我當場予以退還，並請轉告某老師，只要以後不再補習就好了。如再違規，仍然要去抓的，以後也未聞再發生類似事件。

學校發生補習情事，有許多是經家長要求，老師也是激於人情乃為之。而縣府督學如貿然進去抓了，抓後，地方民意代表（縣議員）隨即來說情，如抓了後再放，督學本身已違法。如不放手，開罪地方議員，以後的日子，在地方難混了，（如人地不宜），所以；我的原則，即警戒不可再犯為原則，何況許多被檢舉，是學校同仁間不睦，如督學亦加入當工具，就不明智了，所以處理上一定要慎重。

行政輔導

溪湖鎮某大型中心國小，某女性校長辦學認真，也很能幹，但氣度不夠，作風太硬，與教師間形成尖銳對立，情況嚴重，到達水火不容程度。全體老師聯名向縣府檢舉，校長舉措不當。我身為該區視導人員，亦左右為難，每週大部分時間，均至該校，安撫老師，溝通校長，最後安撫不下，鬧到縣長處，民選縣吳榮興在縣府親自與教師溝通，成效亦不大。最後縣府採集體輔導，全體督學出動，該校教務，訓導，總務，輔導全面溝通，最後校長讓步，請調他校，學校才趨於穩定。女性校長大部要求太過嚴格，但氣度不夠，因壓力太大，反彈性愈高，但也有少數女性校長，開明卓見，手段靈和的，比男性還優越的。

縣府有一同仁，師大研究所碩士畢業，高考教育行政及格，參加教育廳督學甄試及格，視導二林鎮某國小，某日蒞校巡視教室，看某老師的教學，發現任課教師教法有瑕疵，當場即于糾正。教師在學生面前，也是有師道尊嚴，使老師下不了台，當著學生面給督學衝突，事態擴大（小朋友回家告訴家長　某家長恰為某報記者），第二天報紙地方版予以刊載。地方民意代表，閱報紙後，據以在議會猛轟教育局，處理不當。當時的局長郭治華對某同仁說：「別的督學視導都無出事，怎麼你一出手，就出差錯。」弄得該同仁心灰意冷，辭去督學職務，應聘新竹師範專科學校，擔任助教去了。概視導也是一種技術，巡視教學，可以把老師教學優缺點記下，通知校長或教務，使其改正，可避免尷尬場面。

員林鎮某國小（記憶中好像是饒明國小），外稱饒命國小，校長與教務主任均領導不起來，老師上課時間跑到工友屋中下棋，上課鈴聲響了，教師在辦公室聊天，仍不進教室，小朋友在教室亂鬨鬨吵翻了天，教務主任管不了，校長也不怕。我至該校視導，目睹此種混亂情形，乃召集全體老師予以訓誡（內部也有部份盡職教師），但冰凍三尺，非一日之寒，成效不大。返回縣府，在每一週的視導會報上，我將此校提出，最後決定全體督學，聯合輔導該校，分別看教務訓導業務，上課情形，帶回資料，整體處理，最後教務，校長均調職。新任校長上任方趨正常。

埔鹽鄉埔鹽國中，校長劉樂道，因患糖尿病，雙腿已發腫了，不得已住入醫院。但教務訓導二主任，誰也不服誰，均要爭取代理校長職務，一國三公。每週大部分時間我都至該校壓住陣，處理校務，一至俟校長抱病出院上班，該校始歸正常。

因為我視導學校，從不告訴行程，一日至員林鎮宣信國小，巡視校園，被某老師拿著教鞭，要趕出校園。正在此時，校長趕至說：「這是駐區督學」，該老師一臉尷尬的道歉，我說：「不知者不為罪。」才決解尷尬場面，這也是我視導學校的一段小插曲。

陝西村烏面將軍廟

一九八一年（民國七十年）在彰化縣擔任督學兼任縣縣教育輔導團國中組長，一次參與彰化員林地區某國中觀摩教學，教學結束後的下午，省督學徐炳炎，山西省人，堅邀與他一同到彰化縣陝西村「烏面將軍廟」去參觀，概徐督學負責彰化縣輔導區，一日聽說，有陝西村，他自一九四九年離開陝西，隨政府撤退來台，時刻思念家鄉，當他踏進陝西村，此地人的風俗習慣與故鄉陝西相同，一時大驚所喜。村旁建有：「烏面將軍廟」，他立刻進入發現烏面將軍，原率領一部反清復明的抗清部隊，隨鄭成來台（原荷蘭人佔據，驅逐荷蘭人後），率陝西官兵在彰化平原開墾，世代在此種田為業，聚居地定名為陝西村，以誓不忘故鄉也，故其民均為陝西人，後裔為感念烏面將率他們來台闢鄉開土，創立家園在村旁建廟奉祠，故為「烏面將軍廟」。

徐炳炎發現了陝西村，回台北號召陝西人集資重修烏面將軍廟及神像，並新塑于右仁先生（前監察院長黨國元老善長書法，余曾撰文敘述，刊登美國世界日報，如附件），及劉玉璋將軍像奉祠廟中，流浪寶島的陝西人，在七十年某月某生集中在陝西村，同聲慶祝，這也是陝西同鄉們的一件盛事。

余亦隨同徐督學參加，看場面空前，陝西來台人士似回到了故鄉，相互訴鄉情，頗為感人。參觀完後，下午在熱烈場面下，我與徐督學揮別陝西村返回彰化。

劉玉璋將軍

我陪同省教育廳徐炳炎至彰化秀水鄉烏面將軍廟，烏面將軍旁另新奉祠二人，一位是黨國元老故監察院長于右仁先生，另一位為故前五十二軍軍長劉玉璋將軍。

劉玉璋將軍為抗日名將，黃埔軍校一期畢業，曾追隨蔣介石東征、北伐、抗日諸多次戰役，勝利後率軍進入東北，連戰皆捷，戰功顯赫。一九四八年，東北局勢急轉直下，國軍精銳部隊美式裝備新一軍新六軍均被打垮，東北局勢岌岌可危，國民政府的國防部，下令國軍由山海關撤入關內，凡是經山海關路線撤退國軍，盡被共軍截擊擊潰，（當時國防部作戰參謀次長劉〇〇即為潛伏共諜，將後撤軍計畫洩露給共軍），只有五十二軍劉玉璋，抱「將在外君命有所不授。」單獨率五十二軍，經葫蘆島由海路撤退，全軍撤退成功，故有長勝將軍之稱。

該軍紀律嚴明，能征善戰，訓練時，由班長舉靶，士兵練習射擊，在台灣國軍射擊比賽，奪得全陸軍第一名，故素有「虎軍」之稱。

民國四十七年（一九五八年），共軍發動八二三炮戰，劉玉璋將軍任金門防衛司令，外面砲彈如雨落下，一預備軍官不敢走出戰壕，執行任務，劉玉璋以違犯軍令，當場即予槍決，以儆效尤，於是沒人敢反抗軍令。守衛金門島上士兵，如被水鬼（共軍蛙人摸走），直屬長官連長即受連坐處分，即遭槍決，毫不留情，故守金門將士，全軍皆日夜擔心吊膽，盡忠職守，不敢懈怠，故軍紀嚴明，全國人皆知。

逝世後，省督學徐炳炎（為陝西人），視導彰化縣，發現陝西村為山西人隨烏面將軍來台陝西籍官兵後裔，乃號召台北山西籍知名人士，損資重修廟宇，並增塑于右仁先生，劉玉璋將戎裝塑像，奉祠廟中。雄壯威武，令人肅然起敬，這就是烏面將軍廟，另一位近代上將奉祠中劉上將玉璋塑像。

八卦山上驚魂記

在彰化縣政府服務時，我家租屋在彰化市建寶莊，該莊位八卦山山角下。

我多年來習慣早起散步，一日早上四點多鐘，我步行至八卦山上，寒風刺骨，突然看到黑影，高約五丈餘，像電線杆那樣高，迎面向我而來。我嚇的毛骨悚然，一身冷汗。此時乃壯起膽子，就地抓起地下石頭，向黑影投去。突然黑影消失了，心中一直在懷疑，是否真正碰到鬼了。

第二天上班與督學連瑞金談此此事，（連督學為余督學課長班第一期同學，分發彰化縣服務），他對地方史甚有研究。他說：「八卦山山上不乾淨（意即常鬧鬼），」我即反應說：「怎麼不乾淨呢？」他回答說：「日本人侵台時（甲午戰失敗，日軍派兵由基隆登陸，台灣人民不服，義民突起紛紛抗日。日軍包圍台北城，此時辜顯榮（辜振甫辜寬敏的爸爸），突開城門迎日本人，並給日本人帶路，一路燒殺南攻，當打到八卦山，遭遇台灣義軍激烈抵抗，打的很激烈，日人死亡甚多，當時一名日本少將指揮官陣亡，（辜顯榮為彰化鹿港人，對彰化地形比較熟），所以八卦山上，陰魂甚多，本地人知此情形，晚上很少人上山。你是外地人不知，所以天不亮就去爬山。」聽了他的一番話，難道早上四點多所看到的，我一直到現在也解釋不出它到底是甚東西。

聽了他的一番話後，以後天不亮，我再不敢黑夜爬山了。

辜顯榮因日人侵台，給日本人帶路從台北燒殺到南部，殺死很多台灣人有功，得到日本天皇授與爵位，（台灣第一人得到此殊榮。也可說是出賣台灣的大漢奸），但日人為酬其功勳，台灣土地任其圈用（為台灣最有錢的大富豪），雖民國三十四年，對日抗戰勝利，政府實施耕者有其田政策，但辜家獲配大量台灣石泥公司股票，乃為富豪之首反而經八年抗日犧牲之忠義之士，仍是身無片瓦。

辜顯榮娶中國妻子，生辜振甫，甚愛國。但日本太太所生之辜寬敏，仍如其父一樣親日，主張台獨（實際一心想把台灣送入日人手中），歷史當不會重演吧！

彰化市台化塑膠工廠毒氣瀰漫市區

在彰化縣政府服務期間，租房屋於彰化市八卦山下之寶建莊，開始搬到彰化，尚無感覺。因我一向以早起散步運動，鍛鍊身體為習慣。每日早晨四點多鐘醒來，批衣即起走向郊外，就聞到一股臭味嗆鼻，步行至八卦山上，臭味更濃，再下了八卦山，順著中山路向火車站走去，亦是充滿臭味。

上班後與同仁聊起，才知道來自台灣塑膠化學工廠，台化廠為台灣工業巨子王永慶所設。王永慶，只是小學畢業，從小窮苦出身，曾在嘉義市開米店，服務特別殷勤，親自送米至客戶家中，如有不好，包送包換，因此逐漸發跡商界。在民國五十至六十年代，台灣工業逐漸起飛，政府亦鼓勵民間企業投資。而日本此時，激於環保對人體造成的傷害，把整個塑膠化工廠，廉價售與台灣。而此時的王永慶先生，趁勢崛起，再加政府的扶助，把日本不要的化工塑膠原料廠，整個廠設備售與王永慶。

王永慶得此廠設備後，本來要把塑膠化工原料廠設在嘉義的，但當時嘉義縣長何茂取要求乾股，不為王氏所接受。恰巧彰化縣長呂世明與地方人士歡迎來彰化設廠，以創造地方繁榮與就業機會，於是王永慶乃放棄嘉義來彰化設廠。

彰化北部，原是平原稻田，經民國四十八年的八七水災後重建，乃准台灣化工塑膠原料廠，在這塊肥沃的土地上，出現一個大型塑膠化工廠（簡稱台塑）。

有福必然有禍，有道是「福禍相連」。台化建廠後，確給地方增加了稅收，繁榮，與人民就業的機會。但帶來的禍，是空氣污染嚴重，毒氣四散，（地方也有反應，台化編列大批預算，來塞住民意代表之口），所以白天不敢排放毒氣，到了晚上十一時以後，至早上五點之間，民眾都睡覺了，才排放毒氣。此時四點多鐘正是我散步時間，我深感健康受害影響，所以有調離彰化之念，內人陳秋蘆亦有同感。

此時恰巧彰化縣教育局長黃武鎮（對我印象不錯）調任台灣省教育廳第四科長，主管台灣全省地方教育行政（黃武鎮局長在彰化縣教育局長任內太太因鼻癌去世），彰化縣教育局同仁柯進雄（政大碩士）亦因黃科長關係調升台北縣政府主任督學職，從他口中，得悉台北縣政府有督學一職出缺（此時教育廳股長王〇〇亦想到台北縣任督學　並經地方議員〇〇推荐給縣長林豐正，也得允諾，此時我要插足何其難也，但我找到同鄉人事處副處長孫〇〇的幫忙推荐副廳長陳漢強的核准，黃武鎮科長的協助（督學任用權在教育廳）乃核准調台北縣服務，（在此特別感謝以上數位長官的大恩），我於民國七十一年五月一日，到台北縣政府報到就職，內人陳秋蘆亦調台北縣樹林市大同國小任教。

第十四章

請調台北縣政府督學

視導文山區

台北縣（今改制院轄市新北市），位中央政府所在地近鄰，與台北市一水之隔（淡水河），也是台灣的精華區，人文薈萃大學林立，工商業發達，為台灣首善之區。縣長為民選縣長林豐正先生，年輕有為，開朗作風民主，廉潔奉公，為台灣有為有守的青年才俊。

六七年督學班同學同學林朝夫擔任台北縣教育局學務管理課長，（原教育局第一課課後改為學務管理課），游長安為國教課長，（後調任台北縣環保局長），到台北縣到職後，在人事上較為熟悉，還有在民國四十八年，我在台北縣，八里國小教務主任單長平調為永和市頂溪國小校長，原民國四七年我到台北縣八里國小服務時的國教股長趙肇宗為督學，課員湯建元調任為某事業單位人事主任，（湯建元為湯恩伯的長子，湯恩伯為抗日名將深得蔣介石的寵信）來台北縣服務似舊地重遊），在人事上，環境上也比較熟悉。

一日在督學室突接到縣府秘書室電話，到秘書室一座，我急忙由五樓（教育局）趕往三樓（縣長室秘書室）原來是督學課長班第一期同學冷亮秘書（他第一期結業後，被派任為台北縣教育局第三課長，後調升秘書。）原第一期在省訓團受訓時，我們仝住一間宿舍，老友見面，敘不完的舊事。

接著溫鎮泉由桃園縣教育局長調任台北台北縣教育局長，（溫鎮泉也是督學課長班第一期同學）。

我所負責的輔導區。為文山區，包括新店市，石碇鄉、深坑鄉，坪林鄉、烏來鄉等，國中、國小和私立高中高職。

尤以新店市，緊鄰台北市區，有碧潭風景區之美，空氣清新，景色宜人，中央政府高級官員眷舍都分佈在新店市內，如舊立法委員，國大代表（萬年國會）的眷舍中央新村，行政街為中央政府高級將官住宅區，（如張國英等）前參謀總長高魁元，台灣省政府主席邱創煥，前貴州省主席楊森將軍住宅，台北市政府，警務處宿舍，亦在新店市，可說是冠蓋雲集了。

文山區五市鄉國中國小，運作尚為正常，控案亦有。最奇怪的一件檢舉案，為新店市某大型國小，（一百班以上），某國小老師，有聚學生補習情事，檢舉書到達縣府後，依規定應先查原告，我乃依地址前往查辦，地址原來是內政部調查局地址。白捕了個空令人涕笑皆非。

又新店市某國小校長，被該校某老師匿名檢舉函，局長交辦下來，指與該校女老師有不檢行為。原來該校長家住中和市在那時（民國七十一年），教職員有汽車者不多，校長有自用轎車，上下班。下班時，有同路線女性老師，順便搭乘校長便車，坐在校長旁（校長為駕駛），就有人檢舉該校長動手去摸老師腰部及臀部。這件案子到達我的手中，確實夠棘手了。別人（第三者）都不在車上，也無從得到傍証。但這案子，有關當事人名譽，如正面去調查，也無法著手，我就當面把檢舉書拿給當事人看，當某校長看完大為光火，我說：你給我寫個報告，我也就把案結了。這件案子，因為為匿名案，也無人敢冒險出面証明，最後乃不了了之。

民國七十年間，台北近郊，因缺水源，烏來山區峯巒疊翠，中央政府與台北市政府，為供應大台北地區，數百萬人飲用水，乃在烏來深谷間，截水建壩蓄水，以供大台北地區人民飲用，工程豪大。

但鄰近要建水庫的淹沒區的山坡上，有成群從（一九四九）年，後大陸撤台的退役軍人，成群結隊的侵占公有山坡地，在山上種植果樹。政府要建水庫，下令拆除，退役軍人結隊抗爭，要求高額補償。這批退役軍人的領導人，即為當地的臺北縣立碧山國小一位轉業退役軍人鄒江浦，此人是湖南人，在他的鼓動下，台北縣政府地政局長，親自上山去協調當時已答應每棵菓樹補償金額，每戶高達數百萬元（以當時的地價，在新店市區可以買房數棟），但在鄒員鼓動下，菓民（退役軍人）上前撕毀地政局長的衣服。縣府官員落荒而逃回縣府，協調無效，不得已乃協調教育局派員協助。

適余為該區校視導人員，乃選定某日，我一人乘坐民間爬山小型汽車，翻山越嶺，（山上施工隨時有落石落下），冒著生命危險，抵達該碧山國小。由該校長陪同，至鄒員住處疏通勸說，開始該員態度蠻強，我說：「現在所領補償金數百萬元，見好就收（可以買數棟房子在市區，超過公教人員一生退休金數倍，見好就收吧！」該員聽我勸說後，似有不再鼓動民眾之舉動，每戶接受政府數百萬元的補償，順利接受，撤下山區，翡翠水庫，才順利施工，到蓄水，供大台北地區市民飲用。地政局長辦不到的事，乃由我以督學身份，協調溝通解決了，他無限的感激。

能仁家商。近碧潭畔，依山興建，校舍建築宏偉，原為白聖法師某大弟子所創建。法師日日在外宏法，無暇顧及學校校務，主任與教師間，教職員與董事會內鬨不已，控案的目標，涉及出家人。創辦人某法師，而內容荒唐，出乎常人預料之外。

控案所言出家人嫖妓，喝酒吃狗肉，不一而足。檢舉書函横飛，教育廳的督學曹荷生與我會同查此案，我們假台北縣教育局督學室，電話傳訊此一出家人來局調查，又恐怕督學也牽入這是非窩，二人調查此案進行時，特別慎重，但詢問整個半天，該創辦和尚，矢口否認，又無旁証，最後不了了之。

該創辦人回到學校，非常感到氣憤，下定決心，整頓學校，把學校舊有員工全部遣散，一個也不留。從新由北市東山高中任教職的某碩士擔任校長，從新聘請新的教職員工，更新招生科別，如美容科、家事科、幼保科，學校以嶄新姿態出現，很快發展為三千餘人之大型學校，名聞大台北地區之大型學校。

莊敬高中，原為山西省留台知名人士所集資籌設（本名為平民中學），因學校招生不足，學校發生經費困難，難以運作，無法繼續維持下去。乃由山東籍聞名全省許多分店亨達利鐘錶眼鏡行老闆郭愿勛所接辦，（郭愿勛湖南籍，原為台灣省議會副議長李萬居的乾女兒，能言善道，能力甚強）。李萬居曾在抗日時，台灣籍回大陸參加抗日，（與黃朝琴，連震東，勝利後返回台灣接受），所得接收部份日產，乃由乾女兒郭愿勛經營亨達利鐘表眼鏡行，商店連鎖遍及全大灣各大都市，李萬居辦理的「公論報」言論雖稱公正，但非黨營事業，言論持黨外反對立場。當時擔任憲兵隊的王隊長，山東籍，身材魁悟，像貌不凡，擔任蔣介石總統出巡時之摩車隊連長，時被情治單位派往公論報作工作，但出乎預料的與郭愿勛發生感情，而走向紅地壇。後來公論報停刊，王〇〇隊長退伍，乃與妻郭愿勛及全省的享達利鐘表眼鏡行停掉，所有資金集中接辦平民中學，重組董事會，舊有董事保留十分之四，王、郭、山東籍佔十分之六，董事會所有決策，以董事會決定為主，原平民中學更名為莊敬高中莊敬之名，乃取自民國六十一年國府退出聯合國，當時蔣介石提出號「莊敬自強」，王出身憲兵為蔣介石出巡時的鐵衛，故更明為莊敬高中。

莊敬高中接辦平民中學後，乃增設汽車教練場（由原憲兵某要人負責），增加職業科技班，商業職班，擴大招生，一時學生增加數千人，校務蒸蒸日上。（此時郭愿勛退為幕後），由其夫王〇〇為董事長。一時為台北新店地區，頗具規模之大型學校。但山西部分董事（某師大教授），見大權操在山東人手中，乃發出不平之鳴舉函檢舉學校董事會不法等情，舉名申訴，到省教育廳，縣政府，但也經多次調查，因現任董事長（王董事長）在接辦時，就談妥條件頂讓（列入頂讓約書），原山西人創辦者保留名額少，而接辦者山東人董事名額多，校務一切決議，以董事會決議為準。而多次反覆提告，縣府多次查證，只有秉公處理，維持現狀，該校經營得法，其原董事長郭愿勛並在美國洛杉磯，創設中文華語電台，（我在美國曾收視該台中文節目）。

另亦為山西人財團創辦之及人中學，亦在新店市安坑山坡上，校車接送，台北市及台北縣區學生上課，學校管理良好，風評亦佳，為大台北地區名校。

崇光女中，位新店市中心地段，調查局旁，校舍宏偉，以音樂教育聞名，招收音樂班，為該校特色，主辦者為天主教修女，管理嚴格，風評亦佳。

耕莘護理學校，為天主教耕莘醫院所附設，白衣天使學校，成效也不錯。

南強工商，為機工養成之所，內部設備機車工廠頗具規模，為工業基礎機工培養之良好場所，為福州人所創設，董事會皆福州人同鄉，所以合作融洽，少控案。

開明商工學校規模甚大，學生人數數千人，校務推動正常，董事會亦清一色福州同鄉，合作無間，亦未發生過控案。

新店市區國中國小

新店市文山國中，為日據時所創立，歷史悠久，因出了不少知名的籃球明星如陳祖烈，電視台節目主持人巴哥，傅達仁，而馳名全省。該校原為台北縣立文山中學，五十七年九年義教後，更名為文山國中。

一九四九年（民國三十八年），政府撤退來台，當年的立法院就是利用該校的大禮堂，作國會議事殿堂，直到台北市中山路立法院議事廳落成，始遷入北市。

校長楊志華先生，為教育界老前輩（記得民國四十八年我在高雄縣立阿蓮初中當老師時，他已擔任高雄縣美濃初中校長），（由美濃初中調文山國中），但因學校歷史太久，積弊已深，教務主任張義，為我在省立南投高中同仁，本想有一番作為，但為舊的老師，環境壓力，難以施展，不得已掛冠求下。校長已是教育界資深人士，作事老謀深算，才能撐起校務場面。但學校未有新的氣象起色，故大批學生（國小畢業成生）流入台北市國中內學校辦不出起色。

五峰國中：原為台北市第一女中分校，（北一女新店分校）五十七年實施義教後，改制為臺北縣立五峰國中，該校因為北一女創校班底，師資陣容堅強，但校地有限，無法大力發展。校長為顧延畢，老成持重，為我台北縣政府舊同仁，（原為督學調校長），學校只有五十餘班，該校的升學班老師認真負責，升入北一女建國中學率頗高，但環境限制學區中正國小畢業生，大部流入北市南門國中。

新店國小，依碧潭風景區湖畔而建，為日據時代的老學校，該校亦有輝煌的歷史，在全盛時期，發展到六十餘班，但因學區為舊街，近年來新店市中心北移中正路三民路一帶，新建大廈聳立，而新建中正中國小，校舍群建築宏偉，師資年輕優秀，大部份學童轉入中正就讀，一時新店國小沒落。校長劉健飛，福州人（當時隨陳儀來台），因患有糖尿病，行動不便，學校逐漸沒落中。

中正國小（原為調查局靶場），市區發展迅速，調查局靶場遷往士林），所遺空地籌建中正國小，因中正路三民路為新店市新發展社區，大樓林立學童眾多，因新建學校校舍巍峨新穎，教師年輕資優，三年之間，已發展為百班以上，學校充滿朝氣活力，校長為安坑國小調來籌設，已屆退休之年（等待退休），全靠教務主任余冠慧（廣東人）日夜操勞，校務逐漸擴大。超過一百班以上，我到該校巡視教室一趟，花了二個小時時間（尚未敢在教室停留看教師教學），新派師生專生，年紀輕，活力、熱情夠，一片蓬勃朝氣。

大豐國小，亦是日據時代的老學校，因地段同在新店市大豐路上，學童亦接近百班，為新店市第二大型學校，巡視該校一週，也花費將近二小時時間，校長劉全銘，高考教育行政及格，道德文章，皆為人所尊崇。

新店市郊區國中小

安康國中，位安坑近郊，為近年來所創設新學校，校長何維校，辦學認真，只有二十多個班級，一切草創，何校長奉公守法，兢業辦學，但已到快退休年齡了。

安坑國小，為日據時代隻老學校，已四十多個班級，但辦理營養午餐，校長王業平，能力尚佳。雙城國小，亦為新創立的學校，全校二十多個班級，校長趙淑真，為市區唯一之女校長，辦學認真。

青山國小，位市郊區清山社區，約二十多個班級，東面青山坡上，有楊森將軍住宅，余視導青山國小時，順道前往山坡一觀，見有許多退役老兵，替楊森將軍修屋，適楊森經過，他個子不大，步履穩健，有一退伍老兵問他「老將軍如何能到達高壽？」他笑著說：「娶個年輕的太太了。」當時他已九十高齡，仍攀登台灣最高山玉山主峯，記者就問他「老將軍可活到一百歲，他氣的跺著腳說：「我能再活五年嗎？」（當時已九十五高齡，沒想因開刀病逝）。

再順著山向烏來方向走去，在半路上看到有憲兵站崗，據說一九四九年，蔣介石由上海運台大批黃金，存放此山洞中。此批黃金運台，對當時政府撤台，確實發揮了極大的功效，在那危急存亡之秋的時候，能有這批黃金的基礎，發行新台幣改制，發揮一定的效用。雖然這批黃金留到今天，仍然是存放著，分文未動用，但對人心的影響穩定作用，確產生無比的力量。所以看到此一憲兵仍日夜看守著黃金的一幕，不能感謝蔣氏深具眼光。

另一日視導直潭國小，該校地址位直潭蓄水壩旁山畔，三面環水，一面一片茂林，學校小而美，雖只有六班，學生不到百人，但享受的自然風光，確超過市區學童數倍。想退休後，在此購地一塊，置茅屋一間，當會如置身仙境一般。

直潭國小旁，一塊空地土塚，為王長庚墓，依山面水，風水奇佳，難怪王氏（王永慶）經商建廠均順利成功。

由直潭而上山坡，乃大台北花園新城，此社區依山勢曲折建在翠綠山谷中，房屋設計優美，柏楊即寓居於此寫作，距花園新城約五百公尺處，即有一社區國小屈尺國小，曲尺國小亦是依山面水，風景絕佳，該校亦只有十二個班級，校長李書恩先生，河北省人，人很忠厚，辦學也很認真踏實，此校也辦有營養午餐，菜色尚不錯。

循烏來線公路婉延而上，約五華里為龜山國小，該學校很小，只有九個班級，校長張華年，巡視該校教室教師教學後，在校長室休息，有該校退休教導主任，孫振山氏來訪，（孫振山為八里國小舊同事，後調至此擔任教導主任退休），聊及八里國小舊仝仁各自調離分散，對過去歲月不勝感慨。

楊森將軍逸事

閱貴報上個月二十一、二十二日韋奇先生大作「楊森將軍是老年才俊」一文，我有三點補充：

一、楊森將軍重視體育：我於民國四十八年（一九五九）年任教高雄縣立阿連初級中學的教務主任沈方興聊天時說，楊森將軍任貴州省主席時（民國三十年到民國三十四年），他擔任貴州省訓練團教務長，楊將軍命令貴州市全體市民，每天早上五時半以鳴鑼為號，大家聽到鑼聲，須起床站立門口，政府以擴音器喊口令：「一二三四、二二三四、三二三四、四二三四」作健身操，楊森騎著馬帶著小太太，從馬路上穿過，以提倡全民體育。

楊森將軍特重部屬感情，雖離職部屬，如有困難找他，他也會盡力幫忙。對人尤重情義，在民國四十八年間，四川軍閥皆叛中央投共，唯有楊森，一貫支持中央。所以來台後，仍被重用為中華民國體育會理事長，在民國四十年代，國步艱難，但楊森朝氣勃，對推展體育仍不遺餘力，其精神魄力，值得人敬佩。

二、至於楊森因精力旺盛，究有多少小太太，連他個人也數不清。余在民國六十三年任教臺灣省立嘉義高工時，有同仁李邦基君，四川老鄉，與楊森有交往，據他說：「他小太太雖多，從來沒鬧過家庭婚姻糾紛。」楊森到台後，家住新店市清潭山坡上，每次李邦基到他府上拜訪，他均稱自己太太為某小姐，從不以太太呼之，概楊與小太太均訂有合約，二年為期，合約到期，送妳出國留學（據說曾有姊姊為某大學生，出國時又把妹妹介紹給楊森，這叫肥水不落外人田也），故他太太雖多，卻無家庭婚姻問題發生。

三、民國七十年代，筆者任職新店市中正國小校長，校慶時，開學校運動會，楊森家住新店市，也為地方知名人士，特邀請他參加校慶運動大會。楊森以地方士紳、體協理事長名義，致送匾額一面：「培育英才」四字，字體挺拔，現仍懸於中正國小校長室內，那時，雖九十餘高齡，步履穩健，實天下之奇人也。

坪林線上

在文山區視導學校，每日都是似遊山玩水，在風光美麗的風景區。尤其是新店至宜蘭越山的公路上九彎十八曲，其沿途風光更是絕麗異常，一面是青翠高山麗峯，一面是千尺深澗，河水滾滾，順山而下，行至雙峯國小，遠遠望去遠山二峯並列，名曰雙峯。雙峯國小就建在青山雙峯下，學校只有六班，為小型學校，建在臨新店溪河床旁，學童不到百人，可謂享盡自然界風光，學校亦辦理營養午餐，在此服務的老師，每天在大自然沐浴下，倍感精愉快。

沿北宜公路，離開雙峯國小，約行車二十分鐘，遠遠看千仞山峯，白雲飄渺，撩繞山頭，山頭下即雲海國小。因位居高山，四季生活在雲霧中，故名雲海國小。學校也只有六班，學生數十人，可說是小型小學，學校也辦有營養午餐，老師服務熱心，小朋友也活潑可愛。

順著雲海國小旁山中曲折山路，（只通小型汽車）緩緩向下滑行，到達新店溪河邊，臨岸建一座小型小學，依山面水，小朋友上下學，要靠小木船接送，導護老師，每早上要坐小船接小朋友上學，下午放學要送上小船把小將小朋友送回家中，在此服務的教師，樂此不疲，我以督學立場，代表縣政府，致最高的敬意。有一退役軍人，在此定居，親焙茶葉，香氣四溢，送一杯解渴，也是視導人員一大樂趣啊！

離開永安國小，乘小型車來到北宜公路上，繼續前行，此即北宜路上九彎十八曲，車子順勢繞來去，有心臟病可受不了這番折騰，可能會發心臟病。然後抵坪林，坪林以包種茶聞名於中外，滿山茶園，青綠片片。坪林國小，建在坪林街上，約十二個班級，這是北宜路上，最大的學校了。校長徐昭光，談話中好像到此山上服務，滿肚委曲。但他辦學尚算可以，承他幫忙，在當地又租上山路小車，再進入深山視導漁光國小，沿茶園山路行約二十分鐘，抵漁光國小。漁光國小，靠近新店溪上游支流旁，河水清澈游魚可數，暇日台北市民，常來河邊垂釣休閒，尤其月光下，月光照在河面，水波發出波波白色亮光，故名漁光國小。學校也只有六班，採複式教學（因人數少），在此服務的教育人員備極辛勞，我以縣府視導人員身份，特別嘉勉。校長莊仁壽先生，以及服務在山區的數位教師。

離開漁光國小，車行駛約半小時，抵達闊賴國小，更深入山區，學校只剩九名小朋友，採複式教學，後一年即廢校，校舍改為青年休閒中心，供青年們在此紮營育樂，後又改為教育研發中心。

從闊賴返回坪林，乃視導坪林國中，坪林國中建在北宜公路旁，也是九年義教（民國五十七年）設立，校長隋邦銳，為余督學課長班第一期同學，學校只有六班，規模很小，但隋校長幹勁十足，勤勉從公，值得嘉勉。

烏來國中小

離開新店市，乘新店客運向烏來山區駛去，烏來瀑布從崇山峻嶺奔騰而下，如銀帶般，淙淙有聲，下設有一國中小，即烏來國民中小學，全校皆原住民（山胞）子弟。

在全省國中小合併上課者，可說少之又少，但該校國中國小合在一起上下課，乃唯一例外。學校也辦營養午餐，學生在健康快樂中成長，這也是政府對原住民（山地人的一種優遇）

擔任校長者，往往是國中校長甄選及格，有一種屈就感覺，校長威同先生，甄選的國中校長，但派任國中小合併校長，對小學教育，有些門外漢（因他原來是國中老師，對小學部分，教學與行政，都有些外行，他自己也不能適應，多次從口頭上，表示委屈與不滿）這是今後派任校長時，應特別考慮到的一點。

穿過烏來瀑布風景區，可坐人力火車至入山管制區，山口設有一檢查哨，由警備司令部派員把守，（當時真正的山地要列入管制，遊人一律禁止入內）。我是以縣府督學身份至入境口，登記後，始進入大山區，一路崇山峻嶺，更由山山如萬馬奔騰般瀑布，由高山上流下烏來河中，風景奇險絕美，但不開放遊人入內參觀遊覽，（我是視導人員例外進入），在風景如畫的車子行進中，約半個小時，抵達福山國小，該校在烏來溪上游的河坡上，三面高山聳立，教室數間，特別顯得靜幽，該校也只有六個班級，採複式教學，校長李緒蘭，係一女性，能深入山區，從事育人工作，其精神值得敬佩，尤其在深山中辦理營養午餐，物資運入艱難，尤其是颱風天，更屬困難，他們為教育犧牲奮鬥的精可嘉。

深坑石碇國中國小

由木柵乘車約十數分鐘，抵達深坑鄉，深坑國中，為新設立之學校，學校只有六班，規模很小，一切尚待充實。

深坑國小，是日據時代創立的學校，有二十餘班，在此條線上，尚是比較有規模的學校。深坑最有名者，為深坑豆腐，乃土法人工製造，就在深坑街上擺攤前炒賣豆腐嫩美，確與其它地區所製不同。每逢暇日，台北市民，爭來深坑吃豆腐，造成深坑街上另一種繁榮景象。余以視導人員隨同深坑教師，亦順道品嚐，確實不錯，吃後餘香猶存，懷念不已。

深坑乘上汽車再上山行約二十分鐘，即為和平國小，也是六班小型學校，一切教學正常，車再向前向約二十分鐘即達石碇國中。石碇國中，依山而建，有宏偉之大禮堂，PU跑道大操場，那麼好的設備，可是學生數不多。有教局同仁李豊章督學在此擔任校長，（李豊章師大教育系畢業，高考教育行政及格，年輕有為，大才小用，未久調任板橋市中山國中校長）石碇國中改為，台北縣立石碇高級中學，有教局同仁鄭明勇擔任首任校長）。

再乘車約半小時。即為石碇國小，學校在山區石碇村建校，學校只有六班，四面環山，校境靜幽，乃讀書的好環境也。

第十五章 真除新店市中正國小校長

由兼代到真除

民國七十二年（一九八三）二月一日，文山區新店市，最大規模的學校：中正國小（一百班以上）校長張樂亭屆齡退休，因位居新店市中心地段，學區好，交通方便，活動想調入該區之校長甚多，各方勢力盡出，縣長林豐正的壓力很大，左右為難，沒有妥善方法擺的平衡，最後乃考慮派縣府駐區督學暫代。適余為駐文山區督學，乃順理成章的被任命為代理該校職務。被任命後，余深感這是件吃力不討好的工作。但也硬著頭皮，抱著兢兢業業戒慎恐懼的心情，接受此項艱巨任務，在主任督學柯進雄陪同下，前往接下學校印信。

中正國小：位新店市中心繁華地段，學區內有中央新村（大陸在一九四九年全國選出之立法委員，國民大會代表）住宅區，行政院職員住宅區，中央高級將軍住宅區（行政街一條街住了的數百位中上將眷區，如張國英前參謀總長高魁元等），台北市政府警務處眷舍都分佈在新店市，學生家長程度高，水準亦高，注重教育，學生素質亦高，教師的陣容堅強，均係全省各師專畢業生前幾名生，分發來校服務，而全縣每年縣府調動中，第一志願均填為新店市中正國小，積分高達八十分以上（記功乙次三分嘉獎乙次一分，年資一年二分）能調入中正教師也是極為優秀之教師。

教務主任：余冠慧女士，廣東省人，敬業樂群之精神，非常值得人尊敬。我剛到中正國小，住在樓梯間，作為暫住宿的地方（內人陳秋蘆由彰化市調入台北縣樹林市大同國小），我為了照顧學校方便，一個人搬住在樓梯間暫住，每早上看到天色尚未亮，辦公室的灯火通明，我跑去一看，余主任一個人已到辦公室孜孜的處理公務，如處理請假缺課，課程調配事宜。等待老師們上班，課程均已安排妥當。一開朝會，余主任將調課情形，除在大辦公室黑板上公佈外，並以麥克風擴音器在大會上作仔細報告，全校百餘班級，無缺課脫節情形。余主任按時巡堂，抽查作業，謙誠，勤勉，老師與學校間，家長與老師間，關係的溝通良好，校內同仁間即然有些小誤會，也在余主任協調下，順利圓滿解決，無形中化解，對校務的發展，助益甚大。

訓導主任：江葆銘，福建省人，誠厚勤樸，管理組長葉健雲，亦賣力工作。只有總務，有些陽奉陰違，當時我也不了解他玩甚麼把戲。

自我代理校長職務後，從早上學生到校，即騎摩托車巡視市內各條街道交通路口，慰勉導護老師，看學生通勤交通秩序，返校後即巡視校內學生早修活動。朝會後回到校長室批閱公文，接待貴賓家長，抽空再巡視教室，看老師上課情形，因學校規模大，往往二節課才能巡視完。

巡堂可以了解各老師授課狀況，因教師眾多，也可以籍此認識每個老師，在上午第一節課，下午的第一節課，我如不因公外出開會，亦必以身作則到教室巡視，老師亦不會遲到早退。因學區的家長，均係公務人員家庭，素質高，對兒女教育亦特別重視，甚至在晚上，電話仍連續不斷，打到校長住處，均是有關老師教學或管理，批改作業等瑣碎事宜，我也一一紀錄，俟第二天上班後，將情告訴教務主任，轉知教師改進，以後電話亦有，但逐漸減少。

在我不眠不休的努力下，學校辦學成效，甚得地方士紳，學生家長們的好評。在七十一年度第二學期快結束前（一九八三年五月），台灣省議員鄭貞德先生（家長會長），新店市長陳忠作先生，縣議會議員廖金枝先生，劉盛良（後任立法委員多任），許秀夫先生，許再恩（後任台北縣議長）等召開家長會議，與學區地方人士聯席會議，公認為我辦學成效卓著，開會一致決議，挽留我不要再回縣府，真除中正國小校長一職。此時學期將近末聲，各方角逐校長寶座人士又起，包括教育局孫德頌督學，亦在熱心爭取。但民選縣長林豐正先生，英明果決，仍順應地方民意熱烈反應，欣然同意我真除校長職，是年八月一日報呈省府，正式核定我為中正國小校長。

在校長真除前，林豐正縣長，曾經在縣政府縣長室，親自召我談話，「如願意到國中去當校長，可以安排我到國中去擔任校長。」但我幾經考慮……亦有友人建議，如國中去當校長派往鄉間（當時深坑國中創校），一任四年，再調回市區，恐怕頭髮已白了。何況現已五十二歲，時不我遇，國中升學壓力大，學生不好管理，不如就留在國小擔任校長，現又在市區中心，何必捨近求遠（國中國小校長待遇一樣）？所以決意留在中正了。

全面推動校務

余真除校長職務後，乃把全副精力，貫注在校務上。而此龐大團體，為達成學校行政效率，每週舉行行政會議一次，參加人員，包括各主室主任，組長各學年主任，行政人員，可將一週內，當需推行重大行政措施，在會議中提出討論。徵詢各學年意見，上下溝通後，然後推動到全校，減少行政推動上之阻力。各學年也可以把全校老師的意見，家長的反應提出，供學校行政人員施政的參考，故上下溝通暢通，毫無阻塞，使校務推行順暢。

交代教務處教學組長，在每學年結束前，即印製表格，預填調查表，調查老師志願專長，下學期希擔任年級科目，在下學期開學前二週，由校長召集各主室主任，教學組長，註冊組長等幹部，在校長室，密集開會，安排學校人事，務求依各老師的專長志趣，各得其所。

一、特別注意低年級老師陣容。因基礎教育最為重要，如果國語文基礎打不好，發音不正確，以後就很難糾正了。所以低年級的老師，均係清一色師範專科學校畢業分發來校的優秀老師，專業能力強，國語發音正確，學生一入學，給家長耳目一新，信賴學校。信賴老師。

二、高年級導師一流。高年級導師名單，在各主任組長提供下，逐一檢討，經各處主任組長考查，公認學養豐富，教學方法良好者，安排擔任高年級導師。

三、高年級設音樂班。學生在中年級有音樂天賦，成績優良者編為音樂班，五、六年級各一班。除一般課外，音樂班的以師專音樂科畢業的老師指導，施桂津，蔡瓊英，五年級六年各一班，利用早上自修時間，加強練習。因學生優秀，音色優美，故對外比賽，均獲全縣優等獎，並成為崇光女中音樂班之支柱。

四、書法搖籃。蘭亭書舍，由擅長書法的吳金城老師指導。學校在選學生方面，由各班導師推荐班上對書法有天賦與興趣的學童，利用早修午休，集中在一個教室練習，臨帖用心，運用腕力，予以循序漸進，加以指導，已連續五年，獲得台北縣書法比賽國小組冠軍。

五、美術教育。由莊明中老師負責指導，（莊明中老師台中師專美術科畢業，台灣師範大學美術研究所博士班畢業其水彩畫台灣省美術展教職員組優等獎）。在他精心指導下對美術有天賦的學生，利用早修午休時間，予以特別的指導，對外比賽，屢次獲得優等獎。封榕生擅長漫畫教學，用漫畫特殊的幽默，融入生活中，把課堂上刻板生硬的教材，用筆繪成一幅生活活潑的漫畫，使小朋友能得到賞心悅學習情景，獲得較高學習效果。

六、科學教育。由張培正老師指導，由高年級對科學研究有興趣的同學，用搜集、觀察、試驗、經長年累月的研究，作成分析報告，並多次獲得全國中小科學比賽優等獎。

七、舞蹈美育。由張惠美老師指導，挑選各班級受過芭蕾舞基礎訓練的小朋友，分組練習，然後由指導老師設計成總體舞蹈圖形變化，在經音樂老師配以柔美音樂，在全縣舞蹈大賽中，多次獲得民族舞蹈優等大獎。

八、體育教育。在體育組長王淑惠，教師鄒延龍的指導下，中正體育教師陣容堅強，如田徑、排球、躲避球，都有優異的表現。先辦理校內初賽，選出優秀選手，參加新店市運，全縣小學運動會許多次獲得冠亞軍，抱回獎杯無數。

表現最突出者，為兒童躲避球。本校校隊，先在校內選出男女優秀體型健美，反應敏捷男女各一隊優秀選手，參加全縣躲避球賽，獲得男女組冠軍後，代表台北縣參加全省躲球賽與各縣市代表隊競逐，一舉奪得全省男女組二項冠軍。

九、國劇社：為發揚中華文化，中正國小提倡國粹，國劇教學，在玉玨老師不眠不休的努力下，因材施教，循序漸進，發掘小朋友的興趣與專長，加以培養，成員多係三到六年級學童，凡對國劇有興趣者，不論是舞台的運用，或是扮像、唱嗓、做工，都已臻完美純善之境。多年來連續榮獲全國國劇賽，表演獎，清唱獎，團體戲劇表演多項總冠軍。

最大殊榮是被新加坡邀請前往公演，整個轟動整個新加坡，新聞界多次報導，宏揚中華文化國粹，在國際上發光。

十、兒童劇展。選自本校有表演天才之兒童，在本校訓導處董毅然策劃下（原訓導主任江葆銘調總務），綜合本校編劇導演、音樂、舞蹈、美術等老師之才華，完成之兒童劇展在台北縣文化中心公演，獲得台北縣之優等獎。

十一、受省教育廳的指定，本校訓導處主任董毅然的策劃，舉辦全省性交通安全教學觀摩會，教學演示。

全省國中國小校長，假台北市青年活動中心，為時一週交通安全研習，（每週一批），到校參觀本校交通教育演示教學，深得教育界的好評，獲得教育廳的獎勵。

十二、在訓導主任董毅然的策劃執行下，本校生活教育民族精神教育，連續獲得（被上級考評）被列為全省優良學校，獲教廳獎狀。

十三、中正表現最突者，為國語文五項競賽，在劉清和王良時的策劃訓練下，（原推動者為教務主任余冠慧因退休出國），包括演講（全省演講比賽第一名），書法、作文、注音，在文山區國語文五項競賽，每年均得冠軍，全縣賽中，也有三項獲冠。

十四、美化學校環境。本校設在市區中心點上，寸土寸金，校地取得不易，所以要向空中發展，樓層高達四樓，七千小朋友於一處（計一百四十六班），為減少擁擠壓力噪音，本校高明聰老師，擅長園藝，在他的設計下，分樓層在欄杆上布置花盆花架，一年四季，紅葉綠葉相映，蔚為一大花園，以陶冶學童身心。

十五、鼓勵老師進修，每利用週六下午，聘請台北地區（包括師大政大）名教授至校作專題演講，本校老師亦鼓勵其到師大研究所去進修，如周慶華老師，為礦工的兒子，家貧考取台北師專，利用晚上插班師大國文系夜間部，畢業後，又考入師大國文研究所。（法令規定，讀研究所的公職人員，必須辭去現職，但周員家貧，又志在求上進，如果辭掉教職，馬上生活就發生問題，但我為了成全他求上進志願，自己甘願負起行政責任，把該員的話集中排在三日，好讓他去上課）。我冒著極大法律危險，乃成全了他的求學上進志願，後周師取得博士學位，應聘台東師院副教授。

莊明中亦與周慶華情形相同，台中師專畢業，分發中正國小任教，但莊師品學兼優，他的水彩美術畫，多次在全省公教人員美術聯展中，獲取優等。他來到中正後，亦考取師大美術系後又升入師研究所，也得博士學位，畢業後應聘台中師院，美術系主任。

鄭王喬，也考取文化大學家事科，修得碩士學位。

十六、教學觀摩研究：教學研究觀摩會，學校在開學前即在行事曆上，排定每一次教學觀摩舉辦日程表，教學者按教育原理，編定教案，教學前教案分發給參觀者手上，教學進行中，每個參觀者均將任教者，教學方法之優缺點仔細紀錄，觀摩結束，隨即召開教學研討會，檢討教法之優缺點，以供老師們之借鑑。

十七、舉辦學校運動會。每年利用春季（或校慶）舉行一次，大會之成功與否，完全靠全校師生之同心合作充分發揮人力資源。設總幹事為策劃運動的核心，中正國小以訓導主任董毅然為總幹事。慎選小組長，分組幹事，在各項工作籌備完成，開幕典禮前一天，必須全部節目預演，如有缺失，迅予補救改進大會即可圓滿完成

十七、學校消費合作社。合作社也是學校的一環，容易引起糾紛，余擔任縣府督學的時候，最頭痛者就是查部份學校的合作社。合作社是替員工謀福利的地方，但也是學校糾紛的溫床，特別受人注目，如稍有風吹草動，即生麻煩，它也是清境校園中的亂源。

合作社是營利單位，是依合作法之規定，由全校員工直選理監事，來推行合作教育。但因出賣便當，賣糖果牽涉到會中毒，不衛生。合作社既為學校一部份，稍有差錯，受處分是校長監督不週，但只有校長潔身自愛，理監事公正無私，合作社設會計，所以在中正時，一切秉公處理尚風平浪靜，合作教育，順利推動。

十八、校外教學與畢業旅行，學生在教室中上課每天給學生的壓力，使學生喘不過氣來，如能利用課外教學，使學生接近大自然，在教學上收到極大效果。

校外教學，許多學校辦理的非常成功，但也不少學校發生不幸事件，本來是快樂的出校門，如意外悲劇收場，使社會震驚，家長悲痛，如何使其順利圓滿，中正是個大型學校，每

學年二十餘個班，人數達千人以上，動員車輛要二十餘輛或三十輛左右，由各學年辦理，學校訓導處佔在輔導地位，因學校大，如出面辦理，會流言四起，又是甚麼回扣，蜚短流長，由學年老師自己辦理，可減少此項議論。

校外教學，乘車安全最為重要，往往發生事故，均是煞車失靈，造成慘劇，為了學童安全，學校硬性規定由輔導委員會欣欣客運承包。因台北近郊，野雞型遊覽公司林立，往往三部或五部車即可組遊覽公司，有的是國外進口的原裝車，但也有標得公路局淘汰的車輛，經外表裝潢後，參加營運，因煞車失靈，險象環生。所以一家公司承包車輛不夠，必須找其他公司組合，車輛發生安全事故可能性高，另車輛司機，往往與沿途特產店相勾結，隨意亂停，讓學生購物，影響校外教學之正確目標。所以學校硬性規定，由欣欣客運承攬，因欣欣公司為國營，車輛性能好又多，二十多輛遊覽車，可以一次派出，組織一個車隊出發，派出一個領隊，號令一致，也可堵絕謠言回扣之議，取得家長的信任。校中並派護士隨行服務。以照顧小朋友安全。

能做到平平安安去，平平安安回家，

十九、教職員工自強活動，由縣府編列預算，每年在舉行前，必先舉行籌備會議，由各學年代表參加決定，總幹事綜覽一切業務（每次活動都由劉清和老師擔任總幹事），然後分組辦事、會計、一切帳務收支，事務：車輛安排，旅途餐飲，自強活動，本校曾去過，大雪山，清靜農場，日月潭，橫貫公路等風景區。

二十、教職員康樂。學校利用校慶聚餐或學校利用周末開同樂會，定期不定期舉行康樂活動，由訓導處主任董毅然策劃推動，張旭興老師主持節目，歌唱康樂節目由各學年老師提供，每一學年只少提供乙個，學校音樂人才甚多，節目內容非常豐富。並舉辦摸彩，使每位老師達到盡興而歸，皆大歡喜。

二十一、學校與地方的關係：學校是社區中心，必須配合地方，推動各項教育社教活動，所以與地方各首長，民意代表，如立法委員，縣市議員，市民代表會，建立良好的互動關係，才會得到各界的支持。不可以介入地方派系，我以辦學為志，派系雖不反對，但也不太熱心的介入，失去主辦學的立場，超然於派系之外，全力辦好教育。

二十二、學校與地方機關的配合。學校經費雖來自縣府，但地方上，市公所各項活動，中正國小各項專業人才，均全力予以支援，市公所舉行之市民聯歡晚會，本校學生平劇隊，教師合唱團，學生合唱團，音樂專長教師，均全力支援，冬令救濟，學校全力配合，使學校成社區服務中心，深得市民之好評。

二十三、愛心與耐心。從事教育工作，我時時鼓勵仝仁發揮愛心與耐心，現代的老師，要做到：「有教無類」，「循循然善誘人，不管成績佳的資優生，或成績差，有缺點待糾正的學生均要付出極大的耐心與愛心，像自己子女一樣教不厭，用愛心與耐心去融化他，要以慈母般的光輝，滋潤每個學童的心，使兒童沐浴在春風中，使中正兒童每個人均成為健全的中華兒女。

總之，中正國小將近八年學校全校師生合作，使校務蒸蒸日上六育的均衡發展。中正國小聲譽響滿文山區形成家長教育水準一流、學生素質一流、教師陣容一流、行政人才一流形成一流名校。在新店地區與各級民意代表、市政當局相處和諧融洽，地方上一切活動，學校在人力資源上都極為優秀，全力予地方支援達到政通人和也得到地方上信任與支援，新店市大台北華城、花園新城（均為大企業家別墅群均有專車接送就讀本校）甚至坪林鄉烏來鄉也有不少優秀學生亦越區來校就讀，我本人並推為新店市教育會理事長。

立法委員劉盛良

國劇全國國小組冠軍

新店市長鄭貞德

中正國小畢業典禮

中正國小鼓隊

中正國小參加全縣國語文競賽所獲獎狀

中正國小教師合唱團參加台北縣師鐸獎合唱優等獎

中正國小兒童合唱團參加台北縣合唱比賽榮獲優等獎

中正國小參加全國舞蹈比賽榮獲古典舞優等獎

處理退休校長張樂霸佔職務宿舍事件

原台北縣政府，為使校長安心辦學，均建有在職校長職務宿舍在校園內。中正國小，在新店市創設之新建學校，新建二層樓職務宿舍一棟，設備新穎，房間寬敞，每個房間，均設置壁櫃，單獨設院，空氣新鮮流通。依職務宿舍管理辦法：校長退休後非現職，依法應在三個月後，應自行搬離。但張樂亭退休後，佔住職務宿舍，已達二年以上，仍霸佔宿舍（實際該校長已新店市有大廈二套房子），拒不遷讓，使我到職後，只有暫住樓梯間。學校屢次催告，他置若罔聞。我不得已乃以公文報請縣府移送法院，強制驅離，張樂亭退休校長搬遷後，懷恨在心，乃蓄意報復。

因學校擴充快，需趕建新教室，該員暗中跑到已退出地方政壇老新店鎮長（未改市前為新店鎮）王毓財家中，誆稱替學校爭取建教室，需要老鎮長為首簽名，而王毓財先生不疑有他，就把大名簽上了，在當事人不知情的情況下，向縣府控告學校，檢舉學校，「仁愛基金賬目不清」等情。

「仁愛基金」為每年臘盡冬殘之時，貧窮人家生活困苦，市公所乃發起募捐，發揮仁愛精神，捐款救濟窮人。而中正國小，為新店市規模最大的學校，學區又好，學生又多（已達一百四十六班，七千多個小朋友），只要訓導處一發動，每年冬令救濟金捐獻金額，為數可觀。根據捐款數額，除學校依比例留少部份作本校窮苦學生，遇有重大災難作救助外，大部份解繳市庫。本來此筆仁愛基金，學校留的少部分，取之予學生，用之於學生，學校根本不會去管它的。

每年均為訓導處發動，總務處江葆銘保管該賬目，校長校務繁忙，無暇顧及。但一經退休校長張樂亭冒名向縣府檢舉後，見諸報端。新生報記者李壯士與青年戰士報記者李明珠，為追求報導事實真象，乃向原檢舉人訪問查証，王前鎮長說：是張退休校長樂亭說學校向縣府爭取增建教室要他簽名，他不知是控告學校的情事。西洋鏡被拆穿後，張前校長躲躲藏藏，躲避記者採訪，但冒名誣告細情被記者一一在報端上公佈（當然張前校長甚為難堪）。

縣府派督學孫德頌來查學校的賬冊，均係依法開支賬目清楚。

當督學查帳時，我也趁機翻閱一下舊有賬目，（平常忙於校務，我也無暇顧及），突然發現張前校長，前往榮民總醫院住院檢查身體一筆二萬元的檢查費開支，開支在仁愛基金的項目下。

因法令規定不可公款私用，為了解真正原因，學校以正式公文發函前校長：「依據何法令，動用仁愛基金開支，台端私人住榮民總醫院，檢查身體費用。」正本以掛號函送張前校長，副本呈送縣府。後縣府依法移送調查局新店調查站追查，認定挪用公款，要移送地檢署法辦，該員知事態嚴重，苦苦哀求。

如移送法院判罪後，該員月領退休金將全部撤銷，他知道情況很嚴重，乃私跑到前縣府人事主任（退休）李文銘，前主任秘書武增文（已退休），打電話邀請我吃飯，希能和解為我婉言謝絕。

我唯一要求，張退休校長不要再胡控濫告，我也不再追求了。該饒人處即饒人，從此以後，學校風平浪靜了。

家長委員票選插曲

中正國小師資優，學校辦的好，在台北縣風評極佳，所以很多醫師，有地位，有身份的小孩，都願把小孩送入中正就讀。譬如新店市開業的醫師，其子女均在中正就讀，每年的家長委員，皆採民主方式，由學生家長票選。當地知名人士或醫生擔任家長委員。（當選委員多數係在地開業醫師，肯出錢出力。）但有一次台北縣黨部主任委員，朱鷗亦在名單中。朱委員非常客氣，他親自來拜託說：「他實在太忙，當委員可以，千萬別選他當家長會主任委員。」大家也能體諒他的用心，所以就沒選他擔任委員。

但另一次竟出人預料之外，台北縣前議長呂芳契，竟被選為家長委員，當時連我都感到有些詫異。蓋老議長已年逾花甲，怎麼還會有這麼小的兒子，在讀小學呢？同時他世居中和市，怎麼會跑到新店市來讀書呢？

後來，他的弟弟呂芳雲跑來說，（呂芳雲經銷科學儀器，常到學校來）希望把他哥哥名字刪去，因他哥哥台北縣議長下來，被安排在高雄某省營廠擔任董事長，如果把名字公佈了，怕會影響他的前途聲譽。」（後來他才說他哥哥金屋藏嬌在新店市生的小孩，正讀小學）這件事，正是蔣經國執政時期，怕會影響其前途），茲事體大，所以我就用筆把老議長呂芳契的家長委員名字刪去了。

一日正在辦公室處理公務，一穿西裝畢挺，紳士手度的家長來訪：我請工友倒了杯茶，他坐定後，遞出名片，某企業董事長，住大台北華城，他說：「他大陸深圳鬧區也有飯店（來學校找校長，因他的小孩也在中正讀書，來拜託老師多關照）。談起他如何能在深圳建飯店一事，他滔滔不絕的話：「大陸剛開放時，深圳為開發地區，當時一日本商人，看準一塊地段，想投資建一大飯店，但未為大陸深圳當局所拒絕。」「當他進入深圳投資時，也看準這一地段，於是他先在香港開了個賬戶，存了批款，然後到大陸深圳，透過某種關係，把存摺暗送給某主政者，然後深圳當局，開了過會議。說「歡迎台胞投資建飯店。」堂而皇之正式通過，就這樣飯店建起來了。

臨走時，他留給我一張深圳飯店地址與名片，歡迎我到大陸探親，旅遊，可住他的飯店（其實我也未去住過）。

另：在中山國小家長委員郭某，原是佃農之子，家庭貧寒，（其父只活五十多歲，生病未錢醫治即死亡）。政府實施耕者有其田，分配些土地，沒料到五十年代，台灣工商業起飛，浮州地區，高樓林立，土地飛漲，郭委員一變而為富人。

鄧小平實施開放政策，他率領著建築師，乃在上海浦東與上海當局洽妥購地約三公頃，待簽協議書時，上海當局要紅包，他因為捨不得而作罷。

以後他帶著建築師與杭州西湖畔洽商汰舊建新，又是快談妥了，他因不願送紅包錢而功虧一簣。

與以上事項，作事業，要肯花錢，才能賺錢啊，家長委員中，有多少風雲人物啊！

佝僂背影

自一九四九年二岸斷絕通訊後，與家人天各一方。一九七九年，由同鄉杜秉恕君手中轉來萬金家書：「武兒：自你離家後，家中很慘。」我即時覆信，並附寄美金五百元與像片以盡孝心。隔了數週，即又收到家父的回音：「除了你的像片，我連夜從床上爬起好幾次，看了你像片一次又一次，你還活著，是真的嗎？就是你到天涯海角，我要去找到你，親眼見兒一面」。「是真的嗎」。從心中發出的心聲，他是多麼的盼望著見兒一面。

父親以八十以上高齡，跑到香港，再經豫籍教會牧師熱心協助，於一九八四年五月七日，終於搭上香港飛台的中華航空班機，飛抵桃園中正國際機場。

我與內人及子女，當時以早都到達出境大廳門口，歡迎父親的來台。

當出境大門打開，遠遠看到父親佝僂身影，穿著破爛的棉襖，推著行李車，一步一步慢的走出，心中一陣心酸。「爸爸：我們來迎接你來了。」爸爸一看到我們，眼淚漱漱落下，流滿蒼老的面上，放聲大哭。

台灣的五月，百花盛開，天氣已有點熱了，但父親身上穿著，又髒又臭又酸的棉襖。於是乘計乘車到台北新生百貨大樓，買了件新的衣裳，給他換上，然後回到新店市中正國校校長宿舍。（我當時任新店市中正國校校長）。

因工作太忙，只有用星期天暇日，到新店碧潭旁空軍公墓陪他散步，聊些家鄉事。

他每次開口，聲淚俱下：「你離家的次年，我家被劃為富農黑五類，家被掃地出門。家中無吃無喝，討飯也無人給。你奶奶每天又想念你，餓的骨瘦如柴，眼也哭瞎了，餓死前，躺在床榻上，仍呼喚著『武啊！你再不回來，就看不到奶奶了』抱憾而終。」

一邊說已繞過空軍公墓風景區，我也禁不住失聲痛哭，祖母一生最疼愛唯一孫子，祖臨終不在身邊盡孝，聽到此處，雙眼已模糊，也泣不成聲了。

他繼續一字一淚哭訴著：「一九五〇年，天下著大雪，父親孤零零的一個人到汝州東鄉去討飯，掉進雪坑內，差一點被凍死在雪坑中。返回到王烈子庄，又肌又餓，去敲表弟家王天照的大門，「舅舅你怎麼了？我到東鄉討飯，掉雪坑中，差一點沒命了。」天照迅速跑到街上，買了半個紅薯，放父親手中。」臨走又給他張糧票，方救得父親一命，父親說到傷心處，涕泗交流。

「我們的家列入黑五類後，又送去水庫上勞改十年，每天餓著肚子，還要扛著紅旗，生產隊的紅旗插在那裡，勞改份子，就要趕工到那裡。」

「你楊堂同學陳萬全的父親，在國府時，曾任南陽地法法推事，身體肥胖，他推著獨輪推土車運土建壩，行在湖堤上，身體搖搖幌幌，一頭掉進水庫中死了。」勞改十年死亡的人數，不計其數，說著又流淚不止，「老父的命，是檢回來的。」

台北近郊新店市，馬路車輛太多，活動空間有限，我在嘉義縣政府教育局課長任內，嘉義公園附近有棟房子，與家人商議，暫搬嘉義居住，那邊靠近東門町，青年軍眷區，河南籍老人較多可聊天，在台二年餘，他又想家，申請回大陸定居，於八十八年去世，享壽九十三歲。

一封丟掉飯碗的信

我在新北市中正國小校長任內，一日正在辦公室批閱公文，忽一客人來訪，待客坐定後，原來小同鄉孫建章君。

「孫先生在那高就？」他還不好意意，慢慢才開口說：「現弄點學校體育器材，賣賣養家糊口。」我一聽後深感詫異，孫建章在警界，也是響叮噹的人物，怎麼落到推銷體育這種窘境呢？

三十八年（一九四九）東北遼瀋失守，大批難民與地方人民，軍政人員，均為了避難，一股股的難民潮，向關內逃亡，孫建章，亦在東北從事公職，東北易幟後，隨人潮南逃。為了躲避身分，乃與柏楊（郭衣洞）合作偽刻共軍通行印章，偽造通行證，蒙混身分，夾雜逃難潮中南下，因此來台後，與柏楊不時有書信來往。

民國三十八年（一九四九），孫建章擔任高雄港警所長，當時剛來台灣，我在高雄兵工廠任繕計，因身分地位懸殊，所以亦很少與之來往。

民國五十二年暑假，我應聘赴彰化大成中學任教，在彰化八卦山麓，同鄉魯慶家與孫建章夫婦初次見面，此時他已任職高級警官，苗栗縣警察局督察長，一表人材，氣宇非凡。

事隔多年，我由台北縣政府（現為新北市）督學調任新店市中正國校校長職，沒想到孫建章來訪，而身分巨變為推銷體育器材的小販，事實滄桑變化，實出人預料。

事後才知道，後來柏楊先生因在中央日報，刊載大力水手，漂流孤島上：「同胞們」等語句，內有影射諷刺領袖口吻（當時白色恐怖下），被捕入獄，而從柏楊家中搜到孫建章的一封書信，認為孫與柏楊有來往，因此也被牽連，免官坐牢，出獄後，警官因案免職，連退休金也泡湯了。致落得到老來生活潦倒，這也就是：「益者三友，損者三友」。乃因與患難同逃朋友，一封書信，致落得如此下場，真令人可嘆又可悲也。真社會滄桑變化，難以預料也。

第十六章 調任板橋市中山國小校長

調任中山實驗國小經過

我於一九八三年（民國七十二年）二月一日接長中正國小，法令規定一任四年，只准連任一次，二任八年，我到一九九一年（民國八十年）八月一日，任滿八年，奉縣府令調任板橋市中山實驗國校校長。命令下達後，新店市長與新店市各界聯合舉行歡送酒會，並贈送銀盾乙座：「春風化雨」酒宴上敬酒不斷，令人感動。中正國小同仁，亦贈紀念品銀盾乙座：「功在中正」。場面感人。於是我離開日夜辛勤經營的中正，帶著萬般不捨的心情，向板橋市中山實驗國小報到就職。

實驗國小，原屬於台灣省國民學校教師研習會。研習會的功能，調訓全省國民學校校長主任儲訓，教師進修的訓練機構。附設實驗國民小學，為受訓學員對教材教學方法的創新，課程教材的實驗的特設學校。後來九年義務教育開始實施（一九六八年），國民教育一律歸地方辦理，於是將研習會附屬小學與縣屬的中山國小合併，成為：台北縣板橋市中山實驗國民小學。（原任校長陸寶琛曾任烟台市教育局長）。

五十年代後，台灣經濟起飛，大台北地區工商業突飛猛進，由農業轉為工商業。中南部農業縣人口，北上謀生，人口驟增。板橋市浮州地區新建高樓林立，人口密集，學童入學人數增加，中山實驗小學為應付外來人增班迅速，到達一百七十餘班，學生人數激增至八千餘人，學校校地有限，只有向空中發展，雖增建教室樓高四層，但仍無法容納。一至四年級不得已採二部制教學，校園校地狹小，擁擠不堪。過去縣府因經費困難，擴建之教室，均為灰色的水泥牆壁，時間久了，變成烏黑顏色，天花板變為灰暗，影響學童視力甚大。廁所亦為舊式溝槽式沖水廁所，髒臭難聞，學生及老師，視上廁所為畏途。校園中的大操場及跑道，用久了也凝結成硬塊，學童在操場上活動，經常有摔傷學童情形。尤以一到四年級二部制教學問題，最為嚴重，屢見登報端，震驚社會各界，屢有不良反應，負面影響，學校當時，也拿不出好的辦法，任其發展。

中山國小

全面推動校務

我於民國八十年（一九九一）八月一日視事到職，目睹此情景，心中確感慨萬端。

八十年九月某生，學校開學未久，我正在校長室忙著處理公務，校內看守大門的工友，慌慌張張跑到校長室說：「縣長親自帶領了數位隨員和一群記者們，正在校園中視察。」於是我隨即放下手中處理的公務，趕往操場上，並陪同長官先察看跑道，並親自用手測試，老舊跑道硬度，確實損壞嚴重。縣長說：「下年度編預算改建。」隨行的記者們，當場就記錄下來。又陪同縣長巡視教室，小朋友正在灰暗牆壁下上課情形，廁所髒臭，飲水設備缺乏，而縣長當著群記者面前，一一允准修建，均被記者先生們一一的仔細記載，並拍成照片，第二天的各大報紙，將縣長談話及照片，均刊載報紙上。我請工友將文字圖片一一剪貼，做為爭取預算之佐證。唯恐縣長因公務冗忙，答應的話，時間久了，忘掉了，像付諸流水，無蹤無影。

在民國八十一年度，縣府編預算的前一個月，學校將剪報縣長答允有關改建學校、跑道、飲用水設備、粉刷牆壁、改建廁所呈報縣府，並附呈建築師設計預算書，當年縣府就編列了操場ＰＵ跑道預算，接著又編列了老舊教室內外牆壁的粉刷，外牆全部貼馬賽克瓷磚，廁所也一律改建為抽水馬桶，分年逐步實施，於是全校煥然一新。

接著大觀國小的成立又分去了一部份學生，學生數減少，只剩九十餘班，一到四年級全日上課，二部制教學問題，迎刃而解，深獲家長們稱讚，地方人士的好評。

家長會也鼎力支持購電腦數十部，成立電腦教室，在專長電腦老師的指導下，學童分批接受電腦訓練。

為解決小朋友飲用水問題：向縣府爭取的預算，在八十學年度，全校裝置自動過濾飲水機，置於全校走廊上，每二間教室使用一部，以維持學童健康。

學校單身宿舍的改建：因學校老舊，原建之單身宿舍破爛、漏水、灰暗、大部份空著，單身老師，寧可花錢在外租屋，也不願意遷入。我到職後，向縣府爭取預算，重新整修，設新式衛浴，廚房，原不被看好的單身宿舍，老師們欣然爭取遷入。

向縣府爭取預算，將舊有破爛禮堂，改建粉刷，改建成美崙美奐的大型圖書館，增購圖書，家長會長又贈送立式大型冷氣機一台，教務處排定時間，小朋友輪流使用。

美化學校環境：中山國小為老舊學校，學童下課後，所看到的皆是灰色牆壁，學童腦力視力容易疲倦，為活潑美化校園，並列入學校行政重點之一。但學校經費有限，乃採分年度，將節餘經費集中分批用於美化環境，（做中正國小方式）欄杆遍佈置花盆，遍植木科蒔花，青葉紅葉　佈滿走廊上，校園一片綠意盎然），使校園活潑起來。

為活潑校園，中山國小成立鼓號樂隊，在音樂老師的熱忱指導下，每年全縣運動大會，國中小運動會被大會指定護送會旗進場，享譽全縣，為校爭光不少。

學校行政上推動，仍倣照余主持中正國小時乃採每二週一次行政會議，全校各處室主任，組長以及行政人員參加，上下意見溝通良好，學校大團體融成一片，故余主政中山後，學校無控案發生，和睦融融，校務推動順暢。學校得以快樂進步。

在這期間，最辛勤的同仁，如管理組長陳曉康老師，不眠不休，任勞任怨，堪為現代教師的模範。人事主任劉蘭英全校上下的協調能力，總務主任陳陳銘進之廉潔，訓導主任何真宗之配合，教學組長鄭錦蘭老師的調課安排，出納組長李麗月的協力，亦居功至偉。

改善營養午餐

中山國小，原為軍人眷區集中之學校。軍人待遇菲薄，為促進學童健康，設有免費供應營養午餐廚房設備。但與教師研習會附設之實驗國小合併後，接著工商業起飛，中南部人口向大台北地區遷移，浮洲地區人口密集，新建公寓大樓林立，百班以上數千學童，供應午餐，確實有些困難，但午餐是兒童福利，學校只得肩負起重擔。

辦營養午餐，責任非常重大，記得我在嘉義縣政府擔任教育局課長時，也是主管午餐學校，全縣數十個學校辦理，伴得好的甚多，但也有極少數學校弊端層出不窮，當時午餐物資，由聯合國供應（當時的中華民國尚是聯合國會員）有奶油、麵粉，學童只需繳些副食費（以後退出聯合國物資停止供應，由學生繳費，稱自立午餐），而公家供應的物資，時常被盜賣、流入市面。為此：縣府不得不採用防弊特殊手段，嘉義縣朴子鎮某國小，因弊案嚴重，當時我擔任縣府主管課長，曾徹查無效，乃勒令該校停辦，現在回憶起來，記憶猶新。亦有午餐廚房不衛生，食物不新鮮，引發學童集體中毒事件，見諸報端，校長變成罪魁禍首，遭受監督不週受到處分。我在彰化縣，台北縣擔任督學，亦兼視導午餐，今調到中山實驗小學擔任校長，深感肩負午餐重擔，辦好午餐，造福兒童，是責無旁貸的任務。數千人吃午餐，魚肉蔬果均由魚販肉販菜販手中購入，每天往往是市場上賣剩下的不新鮮之魚肉送到學校廚房，學童隨時有中毒危險之可能。

我到職後，乃分段實施營養午餐改革。（因集中一次，會引發工作人員與商販的反彈）。首先是革改肉品，與台灣糖業公司洽商，因台灣糖業公司，是公營事業的大公司，商場信譽卓著一定能在肉類品質、新鮮度得到保證。與台糖總公司簽下合約，由台糖公司分批送集廚房倉庫，因時有廚工領出，零售商的爛豬肉，一律不准進廚房。（當然引發廚工與零售商豬販互相勾結的不滿，但余堅持之）。

其次是魚蝦供應不新鮮，報端上常看到許多學校供應營養午餐中毒事件，均為不新鮮之於蝦所引起。中山國小學生數千人，購置數量驚人，如准進入廚房，不能保証新鮮度，隨時有發生集體中毒事件，所以一律不准進入廚房，甚至禁止食用魚蝦。

調味品：醬油、沙拉油、味精，為了保護小朋友的健康，亦杜絕雜牌貨品進入廚房，沙拉油以台糖公司大批供應醬油、味精等調味品，以味全公司工廠分批購進。

廚房每天需大量蔬菜水果，亦由產地的新鮮水菓蔬菜每天早上，直接送校，經值日老師驗收，然後進入廚房。

廚工一律穿工作服，戴口罩，廚餘一律不准帶回家去（曾有廚工，把小朋友吃剩雞腿帶出校園，在自助餐店銷售，家長打電話到校長室來），此令一出，伙伕班長放出話來，「不幹了……」

我說「那很好，自下月起我從新招批廚工。」結果，他也不敢辭了。

為了小朋友安全，保管午餐貨物，乃靠近廚房騰空一間教室，裝上冷氣空調防潮設備改為午餐倉庫，聘請一位腿部殘障女士擔任倉庫管理工作。每批貨物進庫，均列入紀錄，每次廚工領用，填領用單，必須午餐秘書簽字，始准出庫，以免公家物資外流。

兒童在發育期，需要大量鈣質，與光泉公司協商，每日早上由工廠直接送新鮮牛奶，供學童飲用。

為了方便煮成午餐搬運，向縣府專案申請電梯三部，由教室一樓至四樓運送午餐，該電梯專供午餐送運禁學童使用，以免發生危險。

為養成學童衛生進食習慣，由訓導處選擇一班級作為午餐供應秩序觀摩，舉凡午餐分配，午餐食用，飯前洗手，不偏食習慣，均依觀摩會中加以示範，由點而面，推動全校，以培養出健康、活潑、可愛好兒童。

午餐經此大改革，普獲全校師生及學區家長及地方人士之佳評，經縣府評列，列入優等，並連續數年獲教育部之獎狀。

退休

時光飛逝，歲月不居，真如孔子所說：「發憤忘食，樂以忘憂，不知老之將至。」眨眼在中山國小服務達五年之久，將屆齡（六十五歲）退休之年，經台北縣政府核准，民國八十五年八月一日，奉准退休。中山國小全體同仁（包括已退休教師）自動參加歡送會，並致贈金牌，依依不捨之情，令人感動難忘。

地方各界人士、家長會亦舉行歡送會，贈紀念品留念。

退休歡送會

退休歡送會

退休歡送會

第十七章 退休後生活

退休感言

因想余少小離開故鄉，顛沛流離，逃難流亡，由重病中死亡中求生，所受煎熬歲月，而由兵工廠繕計工，考上小學教師，爾後參加初中教師，高中教師檢定考試，苦讀師大夜間部，一路走來，跌跌撞撞，滿身創傷與滿懷辛酸，路途曲折坎坷，多少眼淚，均自行隱吞，而都經堅決意志一一克服，但路途上有離鄉背井離別骨肉至親之痛，有日夜思念親人的夢魂縈繞，俟大陸開放，返鄉探親，已親人不在，永痛於心，兒時至友，大多已凋零，中夜夢迴感觸莫明。

退休後生活，如閒雲野鶴，一無所求，除移民美國與兒女團聚外，大部份時間，看報，運動，偶而報紙寫點小品稿子，附郵寄出，也不時有刊載，（附錄於後，以作晚年之自娛）。

緣遇舊同仁共敘話當年

自移民來美後，與原服務之：新店市中正國小舊同事就很少碰面，今春返台在台北市建保中心看病，巧遇舊同仁周老師，相別多年，雙方形態都有些變化。我在候診時，周老師走來走去，不敢打招呼，後她徘徊我的左右，大膽的問我：「你是毛校長嗎？」我一陣錯愕，「是啊！你不是周老師嗎？」二人打招呼後，就聊了起來。

「校長，我們中正國小退休老師，組織了個退休老師聯誼會，由董校長毅然擔任聯誼會主席（原中正國小訓導主任考取校長），每二個月定期聚餐乙次，下次是四月一日，歡迎校長參加。」退休後，移民來美，我也很想借機與舊同仁見面，敘敘舊。

當天，我於十二點左右，乘計乘車抵達新店市一素餐廳，已有多年未見面的舊同仁聚坐在餐廳內，當我走進餐廳二樓時，退休的舊同仁一陣歡呼與鼓掌：「歡迎毛校長。」

舊同仁見面，有說有笑，但也有令人傷感訊息：「鄭玉喬老師生癌症病逝」，「林佐昇也去世了」「宋興旺因過中秋節吃了半個月餅，也逝世」，「王素文老師中風癱瘓」，「王玨老師莒煥文老師住進老人院」，種種不幸的消息，使人無限的傷感，大家一起聊到餐廳要打烊了，才依依不捨的分離。

在返美的飛機上，我不停懷念著在中正國小服務期間與舊同仁八年一起的生活點點滴，有美好的歡笑，有熱淚盈眶感人的事蹟，譬如每年參加五項競賽，中正國小榮獲文山區五項冠軍，縣賽三項冠軍，全省演講兒童組第一名，中正國小教師合唱團在台北縣教師合唱比賽中榮獲優等，中正國小國劇團在全國兒童國劇比賽中多次獲得優等獎，並赴新加坡公演，獲得新加坡僑界一致佳評，中正國小舞蹈參加台北縣舞蹈比賽，獲古典舞優等獎，全省兒童躲避球賽，獲男女兒童組雙料冠軍，台灣全省交通安全觀摩會，在省教育廳指定辦理，每週一梯次，全省中小學全部校長蒞校參觀，使中正國小榮譽，譽滿全國。每次獲得學校榮譽得來，均是舊同仁努力結果，大家高興的熱淚盈眶，過去的多少辛酸，多少歡樂，一幕幕的浮現在腦海，波波浮起美好浪花。

人生能夠相處在一起，是一種緣份，我能與舊仝仁再次相聚敘舊言歡，使我返回的路程上，追想點滴的回憶！一直到飛機在洛杉磯機場降落，方回到現實，我已到美國的家了。

懷親

五十餘年來，每憶及祖母對我之疼愛，使人不禁熱淚盈眶，平生最難釋懷者——祖母啊。

遠記得一九四四年春，日寇向中原西侵，余與河南省許昌市冒著日本飛機低空掃射之危險，右腿被車輾傷，兵荒馬亂中，抬回故鄉（汝州市）。祖母雙手抱著我，點點淚珠，灑在我的臉面，似針尖刺在心中。祖孫二人，抱頭痛哭，久久不能自抑。

我不幸早年喪母，祖母更呵護備至。逢風雪寒冬的夜晚，必將棉被用火烤暖，方催上床。鵝毛大雪紛飛的早上，也是如此。將衣服烤溫，始於穿上。

每有外出作客，必攜我同往。如因故不帶，亦必攜食物歸。我也必然貯立村前，望其歸來，祖孫二人相依為命，是以區區不可相離啊！

一九四八年夏，國內戰亂頻仍，我為了讀書，離別了可愛的故鄉家園，在外餐風露宿，奔波流浪，吃盡人間千辛萬苦，一九四九年春，輾轉撤來台灣，初因水土不服，臥病在床，歷時數月，思念祖母之心，俞加迫切。經常夢中相會，哭著醒來，淚濕枕邊。後移民來美，思親之心，未曾稍減。

一九九一年，返鄉探親，巡視故居如舊，然已人事全非啊！據典妹說：「祖母臨終前，呻吟床第，仍哭喚著：『武啊！你再不回來，就看不到奶奶了。』抱恨而終。人生如夢，一失足成千古恨。如能時光倒流，在任何情況下，我也再不願離開祖母遠離家鄉了。仰天長嘆，悵然若失，時值八月中秋，乃賦詩一首：

海外歸遲悽未然
思親萬里不成眠
故園何惜人將老
明月多情又正圓

祖母的餓死

天下著鵝毛片的大雪，覆蓋了山林田野大地，變成了銀色世界，一九四四年的臘月天。白髮蒼蒼的奶奶，纏著小腳，走在我的床邊叮嚀說：「外面下大雪了，你先不要起來。」奶奶用她的手，生起火爐，把我要穿的衣褲烤暖，才說：「武啊！起來吧！」穿著烤暖的衣服去上學。雖然我失去了母親，但穿了暖和衣服，走在沙沙的雪地上，上學的路上，溫暖了我的身，也溫暖了我的心，祖母的愛，比慈母更偉大。

我自喪母後，所有的衣、食、住、行，在奶奶滿臉蒼老皺紋，細心辛苦照顧著，費盡了多少辛苦煎熬，血和淚水。奶奶每有事外出，必攜余同行，即然是因故不帶，返回家時也必帶些吃東西，我也必佇立街頭，盼望奶奶的歸來。「祖父二人相依為命，是以區區不可廢遠也！」

一九四七年，突然中原大地，烽火遍起，為了求學上進，我不得不離開我那親愛的奶奶，逃離故鄉。一九四九大江大海，來到台灣，連聲與說：「再見，都沒有，多次在夢中，夢見了白髮蒼蒼的奶奶，我會哭著醒來，淚水灑濕了枕邊。

在台灣流浪了數十年，唯一的望心願，使我能有生之年，見到她一面，能跪在奶奶跟前，懺悔我不孝罪過。一九八四年，二岸開放，接父親來台，聽到祖母，為了我哭瞎了雙眼，餓死前呼喚著：「武啊！你再不回來，就看不見奶奶了。」一時悲慟，淚如雨下。

一九九一年，我帶著悲痛的心情，返回故鄉，當一腳踏上故鄉的土地，近鄉情怯，心更激動的厲害，與多年未見的妹妹，抱頭痛哭。

我家被列入富農黑五類後，掃地出門，家窮的無一物，奶奶無吃的喝的，又想念唯一孫子，每天哭泣，雙目失明，最後餓死在床上。臨死前不停發出呼喚：「武啊！你再不回來，就看不見奶奶了。」

隨後，我跪在祖母埋葬的地方（墳在文化大革命時已遭剷平），失聲痛哭，但也永遠無法追回我離開祖母的罪過。

天各一方的一九四九啊！

玉皇大帝四太子

接到由河南省汝州市故鄉親屬的一封電報：「父病危速回。」想我從十幾歲時，隨流亡學校離開故鄉，未能侍奉家父。大陸開放後，始能重返回故鄉去探親，重拾舊歡，但他人家已風燭殘年，平生未承歡膝下盡孝，為人子者為一生憾事。接電後迅買機票，急如星火，趕回家園，見父於病榻前，他一再叮嚀，為了後代，希能找一風水福地為墓地，沒幾天家父病逝。

父親遺言，乃為子女者最後盡孝之機會。但河南省耕地有限，人口密集，尤以河南省的人口為大陸各省之冠，要土葬，必須在山坡上方可。

於是；在家父過世後之次日，陪同風水師往汝州之西北鄉的牛皮山尋找墓園。

我們頂著炎熱的陽光，陪同看風水的先生，往汝州市的西北鄉，爬上牛皮山尋找墓地。山勢徒高，登峭石上山，山坡上種滿耐旱的柏樹，當我們爬上半山腰時，因久未爬山，疲累之極，坐在山坡上稍微休息再爬。忽見一鄉間老太太，約六十餘歲，亦依循山坡上曲徑上山，遇見了我們，熱情的招呼，邀我到山頂廟中一遊。我好奇的問：「山頂廟中，供奉的何方神仙。」老太太回答說：「玉皇大帝四太子。」「玉皇大帝四太子又是誰？」老人很尊敬的說：「毛澤東主席，就是玉皇大帝四太子。」這還是第一次聽說，為了好奇，我們倆也就跟隨這位老人循山徑爬到山頂廟中。廟中土磚所蓋平方三間，中間確供著毛澤東的遺像　端坐屋之中央，並有香火潦繞，廟外山石巖峻，風光優美，舉目遠眺，江山如畫，盡在眼底。北望有中嶽嵩山，南有汝河如帶環繞，確為福山墓地，乃決定將先父髒於此。（後因搬棺木困難，未能實現。）

返回下山途中，使我聯想到：「毛澤東主席，毛主席一生破除迷信，推動文化大革命，破四舊立四新，舊有的寺廟，除少林寺，洛陽的白馬寺，西湖靈隱寺，鎮江的金山寺，有周恩來總理，密令保護外，其他寺廟，均被紅衛兵摧毀殆盡。但沒料到他自己身後被鄉野間無知之人，奉為「玉皇大帝」四太子，能不使人嘆為奇蹟，下得山來，遇到舊同學王君，談到此事，他也說不可思議。

父女情

吾兒初生時，冬陽正溫馨。父往榮總探，吾兒正側睡。
頭似父模樣，此女即吾兒。摯情舐犢意，兒笑父心喜。
看兒漸長大，搖搖學步舉。曾入幼稚園，負兒逕自歸。
兒有微咳嗽，父心急如焚。抱兒屢驚悸，到處亂求醫。
三歲能言語，口舌即伶俐。怒時呼老爸，頓腳如霹靂。
滑梯玩不休，萬喚都不理。五歲即入學，放學隨母歸。
爬肩聞嗅汗，翻騰上父膝。遇事即找父，摟頸絮絮語。
尋伴樂不歸，使父到處覓。急急如瘋漢，惶惶汗遍體。
全家移美時，兒已五年級。送您赴美後，依依難分離。
機場相別情，淚灑洛杉磯。去國八九載，一思一心戚。
夢中常見兒，醒後頻頻起。去歲返國時，兒已亭亭立。
望兒能成鳳，早日學成歸。此為父心願，為家立志氣。

（以上寫打油詩一首，在女兒研究所畢業時所感懷而作。）

一封無法投遞的信

我自教育界退休後，空暇時較多，於是提起掘劣的筆，寫了本回憶錄，印刷後，分贈寄多年未曾晤面的昔日舊友。

九十五年八月十日，收到了剛來台灣的時候，在兵工廠服務時的老同仁一封來書：「你離廠五十年來，好像是你第二次信及回憶錄一本，均已收到。弟全部看完，深覺得你的克苦耐勞精神很敬佩，尤其你在教育界能有此成就，就非常不易，我們品控室的同仁，包括長官十有八九皆去世，廠中更無老人，連過去和你作對的章望生也去世了。」讀完了簡短的來信，使我的腦海如波濤般的起伏，我回憶起民國四十年左右（一九五一年），在高雄六十兵工廠工作時一段辛酸艱苦歲月來。

民國四十年左右，由大陸撤台未久，我尚是處事未久二十歲左右的小伙子，因逃難流亡戰亂關係，學校教育未完成，也無一技之長，經同鄉馬克光的介紹，（馬克光河南省宜陽縣人省立洛陽高中畢業），進入六十兵工廠品質控制室任繕計工作。那時尚無電腦設備，所有品控檢驗表格，均以手刻鋼板字寫成，因刻鋼板食指用力，中指與食指間，磨了厚厚的一層皮。製成版後，讓印刷工人用油印機印製，管制表分給檢驗工運用，工作極為辛苦，但為了吃飯，也只好忍耐著去做。當時的主管是陳尚堯少校工程師，國立西南聯大化工系畢業，安徽省人，作事認真負責，性格剛烈。有同仁章望生者，江西九江人，亦二十一歲左右，亦在品控制擔任寫字工作，刻的一手好鋼板小字，性狡猾，善觀主管臉色行事，常向主管獻殷勤，小動作不斷。而偏遇我這北方人，個性硬直，埋頭苦幹，不喜殷勤拍馬。於是二人針鋒相對，而主管的心偏向章望生，使年輕不識時務的我，遭受許多委屈折磨，痛苦煎熬。

辦公室有一位女同事，荳蔻年華，在那個時候，工資不高，有奢侈品像手錶一類東西，極少有人載在手腕上。我花了二個多的薪資，到高雄（舊的）百貨公司，購得瑞士進口光亮手錶乙隻，載在手腕上，光亮奪目。

因為每天坐辦公桌的時間相當長，尤其快到下班前數十分鐘，工作同仁心情急於下班，同仁們不時向我詢問下班時間，還剩多少。坐在我對面豆蔻年華的陳小姐，就是其中的一位，每用手指比劃下班尚餘時間，嫣然一笑，而日久生情。看在同一辦公室章望生眼中，不是滋味（也可能他對她也有意）。就在主管面前，搬弄是非，主管個性剛烈，大聲責罵我，弄得我只有忍氣吞聲。因年輕氣盛，時與章起糾紛，陳更傾向於我，而章望生挑撥更加激烈，造謠離間，非達到破壞而後快。在那個政府遷台未久，風氣未開，保守觀念還很重，男女關係授受不親，一般人認為少年男女交往，不太為人們接受。

在一個風雨交加的早上，天下著滂沱大雨，我一早到辦公室。未久陳桂英也穿著雨衣而來，從紅色雨衣中露出如桃花的朦朧笑容，她脫下雨衣，我禮貌的說：「陳小姐早。」，她紅著臉兒，嫣然一笑：「我不姓陳，我姓王」。我感到好詫驚，：「人家不是都叫你陳小姐嗎？」她淚流滿面，濕紅著眼眶說：「我家本姓王，原籍是四川人，抗戰時南京的金陵兵工廠遷到四川成都，在我們家中堆滿了砲彈，一日，日本飛機臨空投下炸彈，炸中了我家堆集的兵工廠砲彈，引起了漫天爆炸聲，在爆炸聲中，我的親生父親遭炸，只炸的血肉橫飛而亡。」未說完，她掩不心內悲痛，竟嚎啕大哭。我用手巾替她擦乾了眼淚，她又繼續訴說：「父親死後，叔叔伯伯們為了爭奪他家的家產，硬逼著我的親生母親，嫁給了兵工廠的工頭（兵工廠叫領工，工人中的領導）陳碧材，我因年齡太小，離不開媽媽，也跟著媽媽到了陳家。」她停了嗚咽，又繼續的述說：「經過了八年長期對日抗戰，終於勝利了，舉國歡騰，兵工廠也遷回南京湯山。

到了南京後，我媽才知道繼父陳碧材家中竟有太太和兒子，我母親無可奈何下，做了人家的小老婆，而我也變成個拖油瓶的孩子，在大媽掌權下，在人家中無地位，我們母女只有忍氣吞聲，過著委曲的生活，每天受著閒氣。」她流著淚，一口氣訴說著她所受的委曲。

於是自這天起，每日早上，我倆均提前約一前時，到達辦公室，見面後，她都濤濤不絕的訴說著她母女在家中所受的委曲，以及生活上的波折，我也變成她唯一聽她傾訴的知心人。她過年節時，家中所買的糖菓好吃的東西，用手帕包著帶來給我吃。

時間已久，引起了同辦公室章望生的醋勁大發，在同仁眾人面前，熱嘲冷諷，（原來他也在追她），把我倆每天早上約、會談心的事情，張揚開來，並在主管面前撥弄是非：「毛忠武與陳桂英，不好好工作，在辦公室談情説愛。」於是個性剛烈的主管陳尚堯，聞後大發雷霆，巡及下令將陳桂英調離到分廠（稱馬祖港約距本場二公里多）工作，以切斷我們見面的機會。

我們分離後約一週，她哭著請求主管要調回來，調回來工作後，在一舉一動的行為上更加親密。

民國四十二年（一九五三年），我在兵工廠標到了一個會（那時待遇菲薄，同仁們集資來會），約六百元新台幣，買了一部英國製菲律普腳踏車，她很快親自用手編織一個帶花坐墊，當她坐在美麗後坐上，風靡招展穿過廠區，更引起員工們議論紛紛（當時風氣極保守未開，男女交往未公開，尚不為一般所接受）。為她繼父陳碧材所目睹，回家去又挨了罵，又再經章望生跑到她家中在她繼父面前讒言，當時我無經驗又害羞不敢大膽見她父親，我們的上班工廠內，白天已稍有避忌，不敢明目張膽公開在一起，更不懂到她家繼父面前獻殷勤，只知與她明來暗往。

因年輕，我每下午下班後，騎著腳踏車到高雄市內補習，約九點鐘左右，騎車途經西甲市場巷前，她每晚都會在巷口等待我的歸來，我把腳踏車放在友人翟志遠家門口，倆人向兵工廠宿舍（君毅里）後門，無電燈的小路上散步，一路上喁喁細語，訴不完她在家中委曲境遇，一直到剛十一點多鐘，她從君毅里後門回家，我騎單車返回六十兵工廠單身宿舍。

在四十二年冬天一個週日，我騎著自行車載著她順著高雄前鎮向小港的馬路上前行，到達空曠的小港廢用機場。即現在的小港機場，把腳踏車放在場邊，廠內荒草蔓蔓，地面污泥滿地，高低不平，沒有電燈，漆黑一片，我倆漫步，她訴說家內所受委曲，不覺已十點多鐘，我們急速擬返回時候，發現腳踏車輪胎已被小刀劃破漏氣了。

天很黑夜已深，星光稀少，冷風怒吼，也無交通汽車工具，只好推著腳踏車一步一步走回（諒係章望生在後面跟蹤所為），送她回君毅里眷區後門，我再推著腳踏車返回兵工廠，已超過十二時了。衛兵禁止進廠回單身宿舍（廠房返廠時間為十二時止），只好跑到一個小廟內呆到天亮，才回兵工廠上班。

上班後，同仁們發現我們倆鞋子上，都沾滿污泥，一時逗得辦室同仁大笑。

章望生在她繼父面前，更繼續進一步讒言挑撥，她工頭繼父大氣放言：「如再與我女兒交往，打斷他的狗腿。」這時我連已陷入二情難拔，乃與之晚上在君毅里後門小徑上約會聊天，其繼父大怒，禁止她上班，關在家內，從此我倆斷了音訊。

離開了她，我失魂落魄似的，好像失去了一切希望，辦公無心，吃飯感覺不到滋味，閉上眼睛，她的形影，如站在眼前，轉眼間又是一場空，我失眠了。

到了民國四十四年（一九五五年）秋，從女同事傳來了一封簡短的信：「今晚十點鐘在老地方見面。」我在當晚九時半抱著忐忑的心，在軍毅里眷區後門的小廟前等她，不久，她也來了：「我要訂婚了。」晴天霹靂，我幾乎暈在地上，她用手攙抱著我，二人抱頭痛哭，「想離開出走吧！我又無一技之長，人海茫茫，何處落腳，同時手上也無錢，往那裡去。」忍著悲傷，揮淚相別，這也是最後見她一面，就這樣的分離分了！

我悔恨，我要發憤，要自立要強，我總要有出頭的一天。

民國四十三年間，國軍政如火如荼的展開政治教育，聯勤六十兵工廠，也是重要的一環，品控室主管已換為邱發恒中校工程師，他是國立西北大學冶金系畢業，他學問淵博，為人和善，他看到我每天失魂落魄的樣子，他好意的說：「這是政治處頒發的曾國藩全集，（包括書信日記），你拿去給我每月帶我寫讀心得一篇（因工程師工作太忙，無暇操筆）繳呈政治處。」

於是我趁暇研讀，曾國藩日記家書，領悟到曾氏處世哲學涵養品德，憤發的歷程。「廓然而大公，物來而順應」的處世哲理。「前有毒蛇，後有猛虎，我心不懾，誰敢輸服，日對三軍，豈宜避人，彼亂不亂，彼紛不紛」。「花未全開月未圓，花開了就要謝，月圓了就要缺。」「人要經常抱著求缺的心情。」「處逆境，要堅忍不拔，自會柳暗花明。」

「人之處世，不如意者，十之八九，為有奈心處之，擾者境也，不擾者心。」「早、掃、考、寶、書、蔬、魚、數、治家八字訣。」「凡百事物，加倍磨治，必能別生精彩，何況人之於學，百倍其功，均可別生精彩。」

我今天之處境，我何不學曾國藩，處逆境而「廓然而大公，物來而順應。」於是心境就平靜許多，而立志發憤讀書，參加考試，堅定信心，「我總有出頭天」以自許。

但周圍小人，章望生之流，仍以諷刺語相譏：「工字不出頭，出頭就入土了。」意即工字出頭就變土字了，即你別想異想天開了，就在兵工廠呆下吧！但我仍不屈不撓，奮進不懈，為了安心讀書，我搬離兵工廠，在兵工廠後五甲村賃屋居住，白天上班，夜晚苦讀，想早日脫離這傷心是非苦海之地。

民國四十六年（一九五七年），我參加台灣省教育廳國民小學檢定考試及格，被分發高雄縣竹滬國民小學任教師，臨行前，回首前塵，我在六十兵工廠，所受的感情環境折磨煎熬打擊，感然落淚，再見吧！這傷心泣血的地方。

民國四十八年（一九五九年），我參加全國性高考教育行政及格，及台灣省教育廳中等學校教員檢定考試，初中教師考試及格，應聘高雄縣立岡山初中任教師。民國五十年元旦，我寄一張賀年片給六十兵工廠舊同仁陳軍先生，他回信說：「陳桂英住在我的隔壁，她常談到你，想與你見上一面。」這年寒假，我趁暇到旗山鎮嶺口篤竹村陳軍家，當我在陳軍家談話時，她聽到了我的聲音，迅速跑了過來，在陳家客廳，陳軍太太也在，她看到我後，久久，一時也不知由何談起，她人也發胖了，成一婦人，手前還牽著一個小女孩：「你離開後兵工廠後，就再沒有聽過關於你的消息。」停了二分鐘她又接著說：「兵工廠為了疏散，在旗山嶺口建了員工宿舍，我與陳軍夫婦都由高雄搬來嶺口來住。」陳太太插嘴說：「你們當時為甚麼分開呢？」她回答說：「當時剛來台灣，社會風氣關念仍很封建守舊，對我們的自己交往，不為長輩所允許，是不得已啊！」說罷，臉上顯出無可奈何之意，「你現在怎麼樣？」

「我剛來台灣，為了生活，進兵工廠當寫字工，既無地位，也無錢，為了出頭天，搬離兵工廠宿舍，在鳳山市五甲村賃屋，閉門苦讀，四十六年（一九五七年）暑假，我考取國小教師，才離開兵工廠，到高雄縣竹滬國小教書，現在執教縣立岡山中學。」「那你將來如何打算？」「自嚐過失戀滋味後，以後再不敢輕與女孩交往，事業不成，何以家為。」我把過情傷心話避開，大家一陣默然。

陳軍太太說：「等陳軍下班回來，你們好好聊聊。」我想等陳軍下班回來，她先生一定也回家裡來，為了避免這尷尬場面，於是我託詞說：「我在高雄市與朋友有約，我要急需趕去高雄。」借故辭離陳家，她送我到嶺口車站，含情脈脈的離開，自此後再未與她見過面。

民國五十七年，我在省立南投高中任教，又考取台灣省縣市督學課長第一期甄試及格，民國六十年擔任嘉義縣政府教育局課長，到高雄市參加南部七縣社教聯縣活動，在高雄市公車上，遇到了在六十兵工廠前技術員文緯倫先生，他說：「你現在那高就？」我給他一張名片。他在六十廠應對我與陳桂英一段交往，知道的很詳細，讓他回去轉述吧！」

民國七十二年冬，陳軍的兒子結婚時，寄給我一張喜帖，我寄送喜帳一幅上書：「台北縣政府督學兼台北縣新店市中正國小校長毛忠武敬贈」。陳軍來信說：「你寄來的喜帳懸掛禮堂中廳，舊同仁與親友，都感到很光榮。」我想陳桂英也會看到，了解我的成就的。

我退休後移民來美，乃有時間寫回憶錄，完成後攜回台灣印刷，部分寄給舊同仁，寄給同辦公室領首李忠武先生一本，乃收到以上回信的答覆，我再以電話連繫陳軍友人，電話中回答說：「我爸爸已去世多年了」。「那你的鄰居陳桂英呢？」「她已去世了。」放下電話聽筒，不勝感慨，我本擬寄封信給她，告訴她我的事業成就，及一本回憶錄給她，但已變成無法投遞的一封信，放下了筆感到一陣茫然，就當它變成一段追憶吧！回憶往事如雲煙，相顧四週感茫然。

毛汝洲國立中央大學文學士

洛杉磯公園

遊橫貫公路

太湖

毛汝慧獲美國加洲大學資訊電腦系碩士學位

父女心聲

上午，正在客廳看報，手機的鈴聲，突然響起：「爸爸我心中有很多計畫，要向經理報告，但是一見到經理，一緊張，要報告的話，講在嘴邊都忘了。」

女兒修完大學碩士學位後，抱著極大的理想，考取了某大金融企業的金融分析師，上班的第一天，抱著極高理想，想把腦中的業務計畫向經理陳述，但見到經理後，一緊張，什麼話都忘了。

於是我拿起手機，以鎮定的語氣回答說：「曾國藩曾說過『說大人則藐之。』我們一般人遇到上層召見，尤其是剛入社會的年輕人，在心理上壓力是非常的大，本來可以暢所欲言，但一緊張，態度上就不自然了，該說的話，也全忘掉了，這是心理因素所造成的。」「遇到此種情況，首先在態度行為上要謙恭，以平常心來看待，就應用上曾國藩先生所說的一句話：『說大人則藐之。』就是說，地位上你比我高，但專業知識上不一定有我高明，見解上也不一定比我高。心情上自然就鬆弛了，不會緊張了，以平常心對待，應付對答裕如了。」

女兒週末回家，一見面就很興奮的說：「爸爸，你的話的確有效。」

喜悅的聲音

電話鈴聲響了，我拿起聽筒：「爸爸我考取了。」放下電話筒，我一陣興奮與喜悅，充滿胸懷。

女兒研究所畢業後，及考取初級金融分析師，進入某大金融企業，擔任分析師工作，經多年的努力，以及公司主管的肯定，現已升任公司高級分析師的工作，並拿高級分析師的待遇，但為了名符其實，必須再參加中級分析師的考試。

金融分析師這一行業，在金融企業中，站重要地位，公司發展的決定走向，業務的開創，均依賴分析師的資料為只倒方針。

而分析師的考試制度，也極為嚴格，尤其是中級分析師這一關。要讀通中級金融，得博覽群書，取其精華，過程複雜而艱辛。金融從業者，雖初級金融分析師通過多年，想通過中級分析師考試，都難以如願。因能通過中級這一關，進入高級這關考試，就容易多了。

所以中級金融分析師這關的考試過關，已奠下金融界的地位，對女兒的事業來說，極為重要。皇天不負苦心人，女兒終於達成願望，我真偽她高興。

我與女兒約定下週日設慶功宴，為她祝賀，俗語說：「天下無難事，只怕有心人」、「只要設定目標，努力一赴，天下事沒有不成功！」僅此一語當成女兒的賀禮。

老人與狗

在台灣公園內陋巷中，經常看到一群群野狗，在街上到處逃竄，也夾雜著不少品種很名貴的小哈巴狗，何以那麼多名貴的狗，會落到如此下場，說來令人鼻酸。

前年移民來美後，每天下午都會到哈崗公園散步。公園內古木參天，碧草如茵。順著羊腸曲徑上山，半路上總會遇到大約八十歲左右、一對年邁的老人，滿頭白髮蒼蒼，笑瞇瞇的，用手推著一個小孩子乘坐的輪椅，但上面坐的不是小孩子，竟然是一隻小狗，端坐在椅上，老翁推著一步一步的上山，遇人微笑著搖手打招呼，日日如此，常跑公園運動的人，都會碰到這一疼愛小狗的老年夫婦。

狗生在美國，實在太幸福了，吃的有專門為牠們做的狗食，冬天冷時，又在狗身上罩上禦寒衣物，視狗如愛子，使人均投以羨慕的眼光。愛狗協會也用不著為牠爭平等，爭狗權了。

梅花

近來氣候趨寒，早上到公園運動散步，舉目所見，一片豔紅間雜著白色的花朵，呈現在眼簾。我感性的說：「今年桃花開得這麼早。」同伴小楊插嘴說：「那不是桃花，是梅花。」「你怎麼知道是梅花？」「我問了公園管理的人。」小楊肯定的說。

小楊是來美的留學生，英語流暢，他的一番話，使我想起了「梅花梅花滿天下，越冷它越開花」的「梅花」歌詞。

過了不久，我與小楊再到公園，梅花殘花片片，落遍滿園，使人傷感，不由得想起清朝中興名臣曾國藩：「花未全開，月未圓」的一句話。花開了就會凋謝，月圓了就會缺，任何一件事情，沒有十全十美的，都要抱著「花未全開月未圓」的心情應事對人。

曾國藩在做事做人上，事業的成就，可以說到達登峰造極的地步。但他不以此自滿，日日以「花未全開月未圓」自勵。所以能建立豐功偉績，完成中興大業。

反觀現代的年輕人，自滿自大，不知謙虛做人。往往目空一切，眼高手低，一事無成，蹉跎歲月。如能學曾國藩以「花未全開月未圓」抱求缺之心，應對事物，改進缺失，在人生道路上，助益甚大。

一邊聊天，一面沿山徑爬山，已走到梅園盡頭，看落花繽紛，殘紅滿園，兩人相視而笑，心有所得。

美麗的哈崗公園

移民來美後，最值得安慰的，就是環境美化捷徑。在台灣住久了鴿子籠的公寓大廈，來美後，驟然住入有一千多平方呎的大房子，院內院外，綠草鋪地、遍值蒔花，臨街遠望，家家花木扶疏，真如置身於大花園中。

距社區不遠，有一大型山林公園——縣立哈崗公園。公園依山谷建，園內古木參天，碧草如茵，曲折小徑依山勢盤旋，入園後，依羊腸小徑曲折而上，內設有露營區、烤肉架、休閒椅，亦有寬敞馬路，供遊車進山，直達山頂養馬場，有馬數十匹，供遊客練習騎馬之用。

我每天早晨六時左右，習慣步行至公園內，做晨間運動，快步繞小徑一週，然後站在古樹下，面向山林，做柔軟體操數十分鐘，呼吸新鮮空氣，日久成習，自感身心舒暢，精神煥發。

運動完畢，三五老友，聊天談心。天南地北，上下古今，國內外大事，暢所欲言，我們身在美麗公園，如在畫中，真人間天堂也。一直到日上三竿，才盡興而歸。生活在美國的人民，有福。

機霸

我們常聽人說：有些人不講理，獨霸一方，向商家地攤索取保護費，稱作惡霸流氓；也在戲劇上看到：「此路是我開，此樹是我栽，若要從此過，留下買路財。」的路霸。但看到霸佔飛機上座位，尚屬首次。

今年三月，我買張長榮航空公司的機票，自洛杉磯飛台北。當日下午，旅客陸續登機，在空中小姐領導下，找到自己的座位坐下。突然看到一位高頭大馬，滿臉橫肉的老外，把行李一放，橫躺在中間排四個位置上（一個人佔四個位置）；後來的三個人無位置可坐，於是他們找來空姐，與之交涉，而這個老外，仍然不予理會。空姐無奈，只有另找空的位置，給被侵佔位置的三個人，予以安置。這一步講理的老外，除吃飯外，仍橫躺霸佔別人的三個位置躺著，由洛杉磯睡到台灣中正機場，別人乾瞪眼，拿他無法。

下飛機時，這個蠻橫霸道的老外，提著行李，跑在人的前面（既非殘障人士，亦非老年人），可見外國也有不守法的人。

歐美許多國家以文明法治為榮，特別以民主法制自居的美國。這名不講理，態度蠻橫霸道的老外，由洛杉磯登機，是否為美國籍，尚未可知；但對同機的多數中國人來說，印象惡劣，無以復加。此種不講理不守法的人，真丟歐美國家的臉，也是歐美國家的一大諷刺，所以我稱之為機霸。

我於六月由台北中正國際機場，復乘長榮航空公司班機返美，鄰坐也是一位老外，但他對人態度和藹有禮，可見歐美國家人士良莠不齊。

出國旅遊人士，或乘飛機乘船，一舉一動，代表著一個國家榮譽，均應做到手法有禮，給人家一個好印象，這才是做人的道理。

老人的哀聲

日前早晨，電話鈴聲突然響起，我急忙拿起電話筒：「喂！」聽到一陣咽哭泣聲，是舊時同仁王某的聲音。

「老王，發生了什麼事情？」「我兒子把房子賣了，弄到我臨老居無定所。」接著又是一陣哭泣聲。

老王原是我在台灣某高級中學任教時的同仁，他為人忠厚，教學認真負責，深得學生愛戴。膝下育有一獨子，從小呵護備至，讀完大學畢業後，來美深造。

當時教師待遇微薄，王老師費盡所有的力量，促成兒子赴美留學。他退休後，領了一次退休金的錢，連同賣房子的錢，匯給在美的兒子買房子。二老退休後，也移民來美。他本想可以在這南加州，好山好水的環境下頤養天年。

但天有不測風雲，沒想到美國經濟因次貸房貸風波，引發產業衰退，兒子突然遭到裁員，為了生計，於是賣掉房子，到大陸去發展。他倆老頓失所依，每月靠千餘元老人生活費，如果租了房屋、付了房租，所剩無幾了。如果回台灣去，已一無所有，弄得進退失依，怪不得哭得那麼傷心。

奉勸將要退休的老年人們，要保好老本老窩，如果他老人家不把台灣房子賣掉，仍領退休俸養老，也不會落得今日這樣的窘境。

人家說：「人到老年，老本老友，老伴最為重要。」當然兒子也很可靠，但現在工商業社會，兒子有兒子的苦衷，他為了生存，養子餬口，也顧不到二老了。

摔手

十六歲時，隨流亡學校逃難他鄉，俟大陸開放後，才與家人取得聯繫。經那麼多年的折磨，我想家中肯定無人活了，何況我們家又是「黑五類」份子——富農，定遭掃地出門。但通信後，家父仍建在，返鄉探親，看到已八十高齡的父親仍非常硬朗、健康。

問他長壽之道，他滔滔不絕地說：「每天早上起身後，在田野間，做摔手運動四百下，無日間斷，故能保持健康，存活至今。」

退休後，因小兒就讀中央大學，暫租屋於中壢市住一段時日，住宅附近，有一中山公園，花木扶疏，在一草地大樹木，每日早上看到一位八十餘歲老人，亦做摔手運動，經與聊起他摔手運動的經驗，他說：「在八年前，心臟不舒服，經醫生診斷為『心肌梗塞』，必須馬上做開心大手術。我因怕開刀，經友人介紹做摔手運動（不開刀生命隨時有危險，可能維持不到半年），每天到公園摔手一千六百下，經八年餘，非但無死，反而健康存在，所以仍天天摔手不輟。」

我在未退休前，亦患有高血壓、心臟缺氧、心律不整諸疾病。聽父言及看到此一老人做摔手運動，所得之效果，亦採每天早上摔手千下運動，本有小腹，現已消失，血壓亦控制在正常範圍內，心臟缺氧心律不整危機解除，如今全身康泰，移民來美後，仍繼續不斷的下去。

所謂之摔手，二腿張開與肩平立，雙手向上向下摔動，儘管摔到與耳齊，向下摔至臀部，摔到百下後，血液循環暢通，全身發熱，即「痛者不通，通則不痛。」身體感到全身輕鬆爽快，身健體壯的境地。

我們的老祖先在造漢字時，就與特別的意義。「活動」就是說人「活著」就要「動」，因全身部門佈滿了血管，血管就像水溝樣，流水不腐，水溝保持暢通，不會堵塞發臭。人的血管，如果持暢通無阻，就可減少疾病的生，而摔手就是達到全身活動的的最好手段。

事在人為

每天早晨道哈崗公園作晨間運動，因此認識王先生夫婦，聊起他們在美國創業的經過，頗為曲折傳奇。

王先生是江蘇人，一九四九年隨國民政府到台灣，在台北板橋亞東紡織廠工作，因而認識王太太，結為連理。於七十年代，移民紐西蘭，後輾轉經墨西哥來美，來美後，因無一技之長，不懂英語，於是決定開館子。

剛開始他們在白人區開餐館，但因為他們夫從來沒有開過館子，對配菜炒菜方面的手藝更是外行。但是為了求生存，只好硬著頭皮做了。反正在白人區，老外也不懂得中國味，就把家中平常做菜的本領拿了出來，亂炒一通，對老外而言，這就叫中國菜。

真是「瞎貓碰到了死耗子」，洋人大為捧場，生意出乎預料得好。恰巧遇到大赦，他們夫婦申辦了綠卡，後來又考取了公民，生意愈做愈大，也請了廚師，變成真正的餐廳。

他們漸漸摸出了經營餐廳訣竅，譬如每天一大早，王先生開著車親自去採購一天所需菜料，買得恰到好處，無絲毫浪費，生意愈來愈賺錢。接著發展到南加州華人社區，又連開三家餐館，分別由兒女經營。但每天仍由王先生自己開著車去買菜，然後分送三家分店。多年來的苦心經營，奠定了良好的聲譽，生意也蒸蒸日上，這也就說明了「事在人為」的好榜樣。

在近日美國因次級房貸一連串發生經濟風暴的情況下，王先生夫婦所經營的餐館，並沒有遭到波及，這也是中國人在異國土地上，白手起家，辛勤耕耘的結果。

靈隱寺的齋僧鍋

杭州西湖風光旖旎，聞名中外。記得二〇〇八年仲春四月中旬，我趁往中國大陸探親之便，順便前往一遊湖光山水與名勝古蹟。

由河南洛陽乘火車直達杭州，夜宿湖邊五洲飯店。翌日遊湖，經白堤、斷橋、三潭印月、蘇堤、岳王廟等，一直到靈隱寺等名勝風景區，其中以靈隱寺印象最為深刻。

靈隱寺高大宏偉，門樓上書「雲林寺」，係康熙皇帝親書。寺內有一大型彩塑，名為「五十三參」，大大大小，一共塑了一百五十多個羅漢。其中有兩個神像，特別引人注目。一個是右邊的濟公，一個是左邊那個身黑如墨、手拿掃帚的瘋僧，一瘋一癲，相映成趣。

相傳宋代紹興（一一二六年～一一三一年）年間，岳飛率部抵抗金兵，屢戰屢勝，直打到朱仙鎮，眼看可直搗黃龍、收復汴京時，卻被奸相秦檜的一連十二道金牌，將岳調回杭州（南宋首都），繼之以「莫須有」罪名，下獄治罪，勒死於杭州西湖風波亭下。對於岳飛的冤死，民怨鼎沸，秦檜夫婦則做賊心虛，心神難安，惶惶不可終日。

一天，他們到靈隱寺燒香，祈求菩薩保佑。這寺裡有一位頗有膽識的瘋和尚，人稱瘋僧。秦檜夫婦進寺時，他正在寺院中鋸一棵檜樹。

秦檜問道：「你鋸它做甚麼？」瘋僧答曰：「此『檜』外表看著堂堂正正、氣氣派派，其實它內心早就黑了，所以要鋸掉它。」

秦檜夫婦聞言大驚，更無言以對，悻悻地進殿燒香去了。

秦檜夫婦出來的時候，又見瘋僧坐在台階前，大口大口地撕吃狗肉，還一邊吃一邊大罵奸相秦檜，檜妻又問：「你這和尚，怎麼不守佛門清規，吃起狗肉來了？」

瘋僧不慌不忙的回答道：「這條母狗，心腸歹毒，專咬好人，留牠在世界上做甚麼？」

秦檜夫婦聞言又是一驚！正要向寺門外走去，又見那瘋僧一手拿著掃帚，一手拿著竹竿，似笑不笑地攔住了去路。

秦檜大聲喝斥道：「你這和尚，衣服襤褸不堪，渾身骯髒，還不知羞恥，站在當院大聲吼叫，成何體統？」

瘋僧哈哈大笑說：「貧僧衣衫襤褸，但窮得硬正；身體骯髒，但心底無私，光明磊落。不像有些奸人，頭戴烏紗，身穿大紅，做朝中的官，吃國家的糧，喝百姓的血，而專幹些誤國誤民的虧心事！」

秦檜聞言，氣得面紅耳赤，又問：「你拿掃帚幹嗎？」瘋僧說：「要掃一切害蟲。」秦檜又問：「害蟲在那裡？」瘋僧用手一指：「就在你身上。」說罷，舉起掃帚沒頭沒腦的向秦檜夫婦掃來。掃帚掃到秦檜身上，霎時變成一條大青蛇，將他們夫婦緊緊盤住。秦檜夫婦嚇得面如土色，大喊救命。等到秦的家丁趕來時，瘋僧和那把掃帚都已不知去向。

秦檜夫婦受了這番折騰，回府就生了一場大病。他們自知罪孽深重，就在靈隱寺裡，施捨了一口「齋僧鍋」，妄想減輕一點罪惡，但不久就雙雙嚇死了。而那位瘋僧和尚，卻被人們視為羅漢，千秋萬載受人尊敬。而這「齋僧鍋」，現今仍存放在靈隱寺內，供遊人觀賞。

我們出了寺門，又坐船遊湖一周，返飯店休息，翌日乘計程車赴筧橋機場搭機離杭，結束杭州西湖靈隱寺之遊，此行獲益匪淺。

長陵一花槍

到中國北京旅遊，「明十三陵」是必遊的一個景點。筆者於去年（二〇〇七年）秋天，回大陸探親，於故鄉河南省汝州市乘火車赴北京一遊，下榻於北京朝陽路「鐵路飯店」。翌日晨雇計乘車向昌平縣境進發，約一小時，宏偉壯觀的長陵就呈現在眼簾。

說起長陵的歷史，明代開國皇帝朱元璋，於驅逐元韃子後，統一中國，為鞏固其帝業，建制後分封其諸子，屏列諸重要邊境重地。

但不幸因太子早逝，明太祖臨終傳位其皇孫明惠帝。惠帝因年幼，對於勢強的諸王叔，如芒在背，乃下令削藩，卻引起燕王朱棣的不滿，於是引兵南下，攻破首都南京，惠帝於亂軍中失蹤，朱棣一統天下，將京城由南京遷往北京，並於明永樂七年（一四〇九），修建長陵。

長陵是明成祖朱棣的陵墓，卻是一座空墓，只埋著朱棣生前的一根花槍。傳說，朱棣被封為燕王，鎮守北邊重鎮，在離開京都時，前途未卜，去找軍師劉伯溫問計。劉伯溫交給他一隻箭並矚之曰：「日後自有妙用。」

朱棣來到燕地（今北京）後，當時元韃子尚有勢力盤據北京一代，其首領就很不高興地問朱棣說：「你要多大的地盤？」朱棣回答說：「一箭之地族矣。」說著，便由身上掏出劉伯溫交給他的那隻箭，用力射了出去。

那位元韃子首領，騎著馬跑了老半天，尚未找到箭的影子。他認為朱棣定有神仙相助，冒犯不得，就匆忙中帶著韃子部落的人向北方撤去。

後來朱棣當了皇帝，把都城由南京遷往北京。在他花甲之年時，北部的邊境不斷傳來胡人的侵擾，可嘆軍中缺少良將，難獨當一面，朱棣不得不御駕親征。

也算冤家路窄，入侵者竟然仍是那個胡人韃子的首領。他一見朱棣，便帶領著部屬人馬匆匆逃去。朱棣一心想斬草除根，永絕後患，遂一馬當先，窮追猛打。

那胡人首領逃來逃去，鑽進一個山洞內。朱棣一見，樂得哈哈大笑道：「甕中之鱉，網中之魚。」隨即跳下馬來，隻身追了進去。

未料洞內埋了地雷，當朱棣剛進洞中，只聽「轟隆」一聲，山洞隨即塌下來。後來將士們急忙蜂擁而上，進入洞中救駕，結果連屍體都未找到，只扒出朱棣生前使用過得那隻丈二花槍。

後來陵墓修竣，只好把這根花槍埋在墓中。後此，「長陵一花槍」的墓地與故事，就傳了下來。

我們參觀長陵時，長陵墓已挖開，可進入地宮內觀看，但見地宮營建壯觀，空間甚大，也未見皇帝朱棣的棺木屍體，只見花槍一隻。

離開地宮後，在陵旁小吃店午餐，下午返北京，在路途中尚看見李自成騎在馬上的塑像一尊，英姿煥發，之後回到飯店休息，結束一天之遊。

莫愁湖畔勝棋樓

過去我在教育界的一位同仁俞君，是江蘇南京市人，我於今年赴中國大陸探親時，俞君囑咐我途經南京時到他家中一聊。

我是在五月中旬，由河南洛陽乘火車抵南京市，我們看完中山陵、雨花台，接著遊南京水西門的莫愁湖。莫愁湖原是秦淮河匯入長江口的河槽，稱為「橫塘」，因距石頭城不遠，本地人叫它「石頭湖」。

據古傳說，洛陽有個少女名叫莫愁，家貧父母雙亡，乃「賣身葬父」，她將自己賣給了金陵石頭湖邊的盧公子，夫妻雖非常恩愛，但公婆卻因她出身貧賤，不能相容。總是找岔折磨她，莫愁哭訴無門，一氣之下投湖自盡。

時人對她非常同情，就把這個石頭湖之名稱做「莫愁湖」了。

我們遊湖畢，走在湖邊的公園內。遠遠望去，看到一座高樓，署名「勝棋樓」。

傳說，明太祖朱元璋是個棋迷。一天，皇帝旨召中山王徐達，在莫愁湖畔下棋。徐達是明朝的開國元勳，文武全才，他的棋藝高超，不知要比朱元璋高出多少倍。

但他非常瞭解朱元璋的為人，所以每次下棋，總要「故意」讓皇帝幾步。這次在未下棋前，朱元張先用手指著湖上的景物問道：「徐愛卿，這個湖美不美？」

徐達忙回答道：「莫愁湖號稱金陵第一名勝，當然很美。」「你今天如果贏了我，我就把這個湖賞給你。」

朱元璋出了這個難題，徐達怎敢贏棋呢？徐達低頭一想，心裡已有數，就同朱元璋一招一式地殺了起來。

棋還沒有下完，朱元璋的黑子就被吃了大部分，氣得皇帝「拂袖而起」。

徐達看此情況，跪在地上說道：「萬歲息怒，請往棋盤上看看吧！」朱元璋往棋盤上一看，只見那原先被提去（拿走）的黑子的地方，竟然明朗地顯出了「萬歲」兩個字來！

朱元璋又驚又喜，忙用雙手把徐達扶起來，讚道：「愛卿的棋藝，果然精妙絕倫，我就把莫愁湖賞給你。」

皇帝又傳旨在湖邊修了一座「勝棋樓」，一起賜給了徐達，並賜一聯：

煙月湖水六朝夢，
英雄兒女一坪棋

目前的「勝棋樓」是清同治十年（公元一八七一年）所重修，簷下有清代狀元梅啟昭所書「勝棋樓」匾額。

樓上正中懸掛著「中山王徐達」的畫像，正門中放有棋桌棋盤棋子，遊人如有興致，還可以在這裡小試一下身手，享受下一盤棋的樂趣。

遊完莫愁湖正值中午，我們就在湖畔小餐館小酌，然後到俞君家中坐了坐，第二天離開南京市，搭機返美。

汝瓷兆龍鼎與八卦鼎

今年六月上旬，我由洛杉磯乘長榮航空公司飛台北轉香港，然後由香港乘中國南方航空公司飛機抵達鄭州，再轉車回汝州市時，已接近傍晚。

一進表弟家中，即看到一隻「兆龍鼎」和一隻「八卦鼎」，放在客廳中，使客廳內增加不少光輝。

經詢問表弟及表弟妹，始知是一對汝瓷珍品，與商彝、周盤同等珍貴。

談到汝瓷的歷史，應自宋代說起。在中國立史上，宋朝的建立，即「重文輕武」，雖然國勢是積弱不振，但在文化上，卻創造出燦爛光輝的一頁。

北宋末年，出了個酷愛藝術的皇帝趙佶（宋徽宗），趙佶在治國政績上，毫無建樹，然而他卻全身充滿藝術細胞，對琴棋書畫，無所不精。如馳名中外的《清明上河圖》，即此時的產物，由以對陶瓷藝術的愛好，更超越前朝。

據說，趙佶一日午睡時，忽然做了一個夢，夢到烏雲蔽空，在下了場大雨後，天氣豁然晴朗，雲破處，露出一片青藍色的天空，使人神往，也使這位酷愛藝術的皇帝，若幻若癡，乃夢想如此美好顏色倘能「變為真實」，那該多好呀。

於是他便要求工匠，也能「燒」出此種瓷色來。但許多工匠經過了多次的努力，均難達到理想，這使宋徽宗趙佶大感失望。

河南省汝州市，北有中嶽，南環汝水，汝河潺潺，由嵩山流出，形成一沖積平原，土質堅硬細膩，色澤渾厚。內置瑪瑙入瓷，含水欲滴，釉帶天然青藍色，經工匠製燒的瓷器，竟與宋徽宗趙佶夢中的青藍色相似，這當然贏得了趙佶的歡心，乃在宮中使用。

宮中以此青藍瓷器盛物，天氣雖炎熱，亦常保新鮮如新，被視為宮中珍品。

但好景不常，不過短短三十年，不幸在北宋末年，發生「靖康之難」，金兵南侵，汴京失陷，宮中財物被金兵襲劫一空，汝瓷也同遭蒙難。

從此汝瓷煙消失散，也使才情橫溢的宋徽宗，成了金人蓬首垢面的囚徒，只能在淒風愁雲中，枯坐觀天。

現今汝瓷傳世者極少，全世界僅保存六十八件，分別放在北京故宮博物院十七件、台北故宮博物院二十三件、上海博物館八件、美國克利夫蘭和聖路易知名博物館和私人典藏共十件，英國達維德爵士基金會七件，日本大阪博物館三件，收藏家均認為是世界上少有的絕世珍品。

俟清朝康乾盛世，好大喜功的乾隆皇帝，亦欲得此珍品，特別專門指定江西省景德鎮仿燒汝瓷，然因土質因素，以及釉的配方不妥關係，致此計畫胎死腹中，後即再無問津者。

近年河南省汝州市孟玉松女士，志在恢復汝瓷舊觀，發揚國粹，利用私人力量，跑遍汝瓷舊官窰舊址，在空窰殘洞撿拾遺留破片，經過精心費力整理比對，分析研究與化驗，並作千次以上實驗，終於掌握了宋瓷官窰的配方。再經試燒，終能使汝瓷恢復舊觀，重見天日，其成果產品，不遜於宋瓷。

她並在北京世界博覽會上展出產品，獲得國內陶瓷專家學者與世界各國喜愛陶瓷的相關人士，普遍的肯定與喜愛。

青出於藍，而勝於藍，孟女士不斷追求卓越，乃進一步研發製造出兆龍鼎、八卦鼎，為汝瓷再放光輝。

此次返鄉探親，親眼目睹此稀世珍品，可謂不虛此行，並將所見所聞，筆之於書，以供對國粹瓷器古玩愛好者所共享。

附錄

高等檢定考試科別及格證明書

高檢司科字第180號

姓名：毛忠武

出生年月日：民國二十年五月五日

性別：男

籍貫：河南省臨汝縣

應考類科：司法官

國父遺教　本國史地　政法學　以下空白

主任委員　李壽雍

中華民國　年　月　日

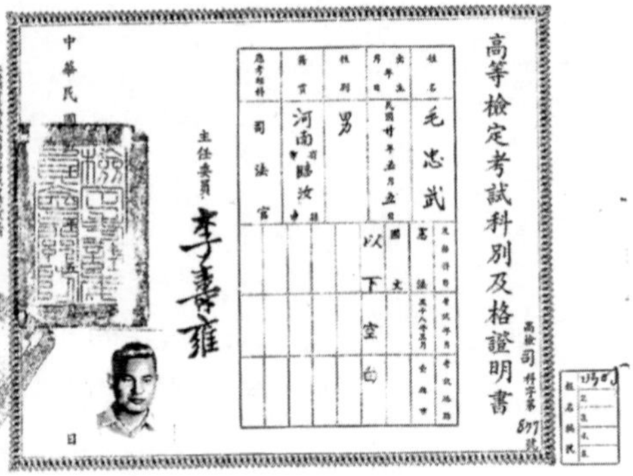

高等檢定考試科別及格證明書

高檢司科字第877號

姓名：毛忠武

性別：男

籍貫：河南省臨汝縣

應考類科：司法官

國文　以下空白

主任委員　李壽雍

中華民國　年　月　日

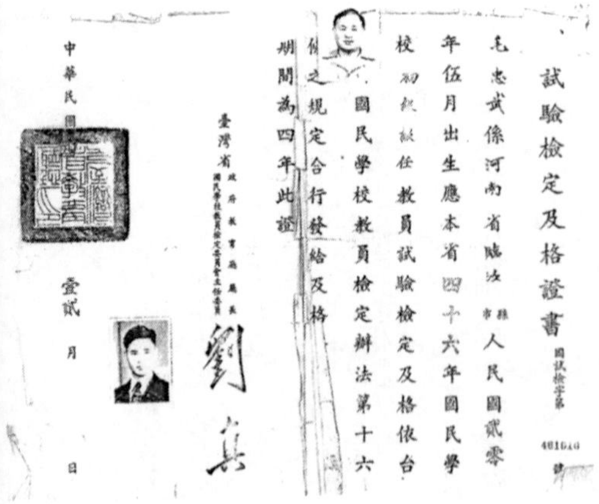

試驗檢定及格證書

國試檢字第461610號

毛忠武係河南省臨汝縣人民國貳零年伍月出生應本省四十六年國民學校初級任教員試驗檢定及格依台灣省國民學校教員檢定辦法第十六條之規定合行發給及格證書有效期間為四年此證

臺灣省政府教育廳廳長　劉真

中華民國　年　月　日

試驗檢定及格證書 測試檢字第 47939 號

毛忠武係河南省臨汝縣市人民國二十年五月出生應本省四十七年國民學校高級級任教員試驗檢定及格依台灣省國民學校教員檢定辦法第十六條之規定合行發給及格證書其有效期間為四年此證

臺灣省政府教育廳廳長 國民學校教員檢定委員會主任委員 劉真

中華民國四十七年 八 月 日

臺灣省中等學校教師證書 中檢字第 130 號

茲檢定毛忠武爲初級中等學校童子軍科教師 此證

臺灣省政府教育廳廳長 兼中等學校教師登記及檢定委員會主任委員 劉真

中華民國四十[illegible]年 五 月 日

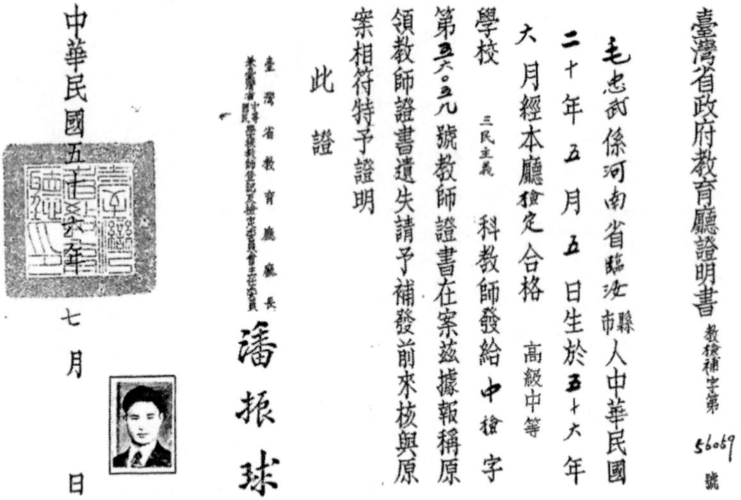
臺灣省政府教育廳證明書 教檢補字第 56069 號

毛忠武係河南省臨汝縣人中華民國二十年五月五日生於五十六年六月經本廳檢定合格高級中等學校三民主義科教師發給中檢字第五六〇五九號教師證書在案茲據報稱原領教師證書遺失請予補發前來核與原案相符特予證明

此證

臺灣省教育廳廳長 潘振球

中華民國五十六年七月日

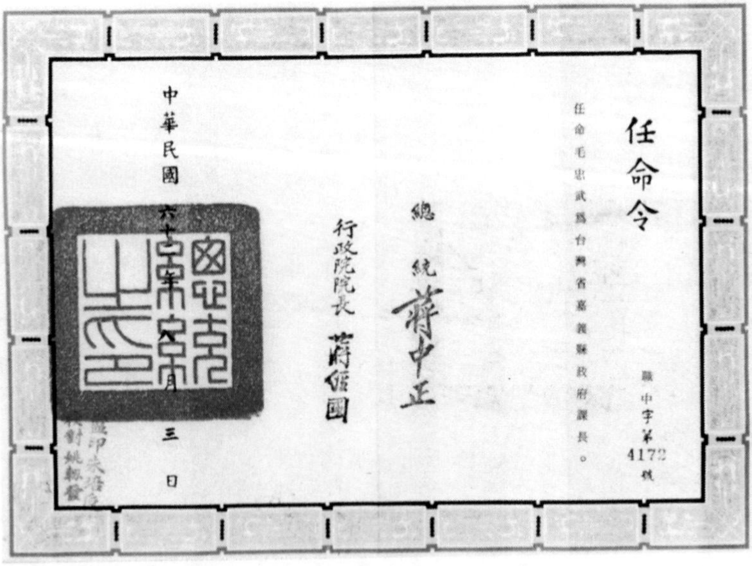
任命令

職中字第4172號

任命毛忠武為台興省嘉義縣政府課長。

總統 蔣中正

行政院院長 蔣經國

中華民國六十二年八月三日

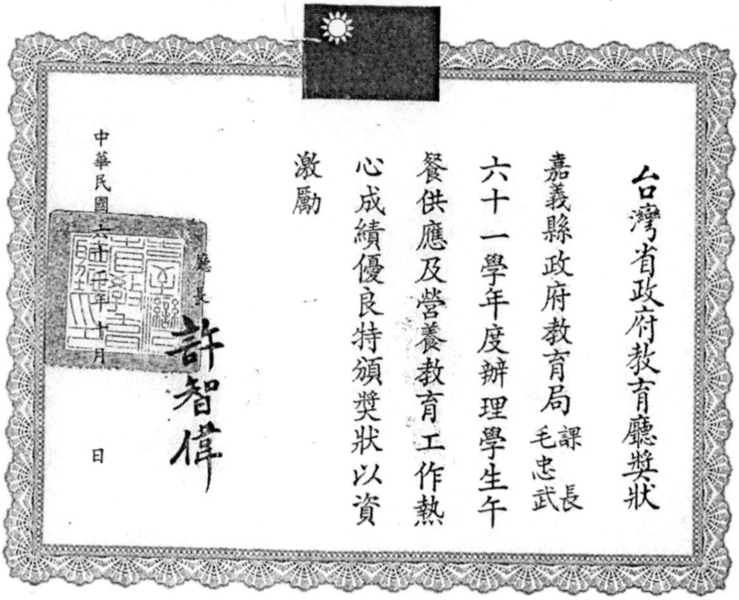

台灣省政府教育廳獎狀

嘉義縣政府教育局 課長毛忠武

六十一學年度辦理學生午餐供應及營養教育工作熱心成績優良特頒獎狀以資

激勵

廳長 許智偉

中華民國六十二年十月 日

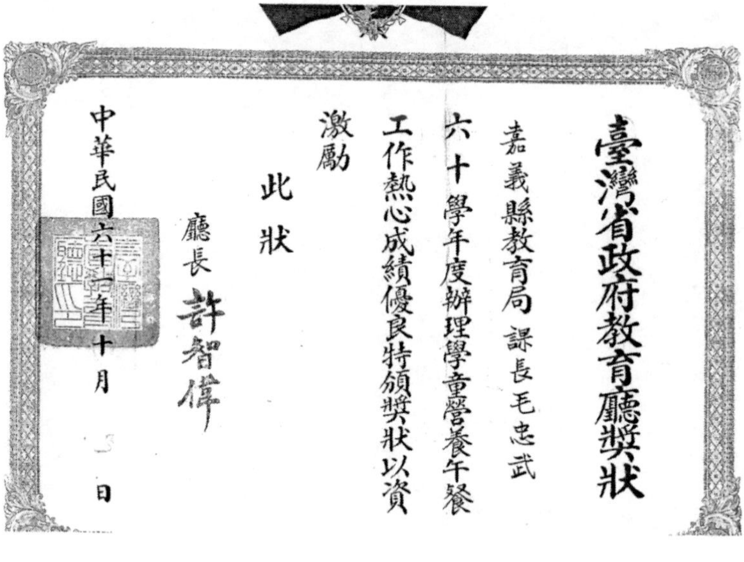

臺灣省政府教育廳獎狀

嘉義縣教育局 課長毛忠武

六十學年度辦理學童營養午餐工作熱心成績優良特頒獎狀以資

激勵

此狀

廳長 許智偉

中華民國六十一年十月 日

任命令

職中 字第 20239 號

任命毛忠武爲臺灣省彰化縣政府督學。

總統 蔣經國

行政院院長 孫運璿

中華民國七十年一月廿八日

監印 劉祖生

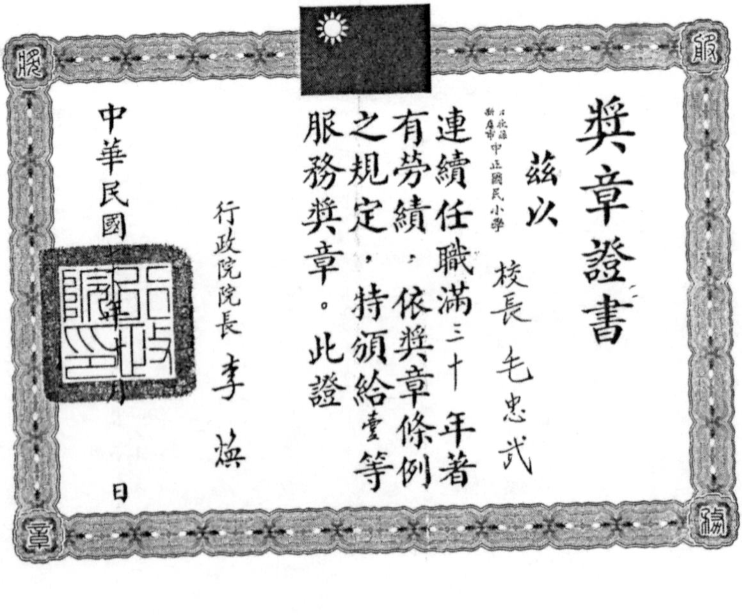

獎章證書

茲以 台北縣新店市中正國民小學 校長 毛忠武

連續任職滿三十年著有勞績，依獎章條例之規定，特頒給壹等服務獎章。此證

行政院院長 李煥

中華民國 年 月 日

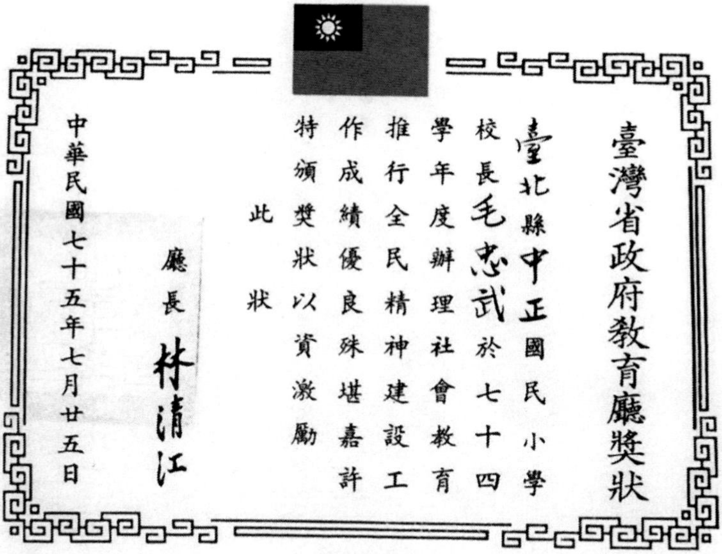

臺灣省政府教育廳獎狀

臺北縣中正國民小學校長毛忠武於七十四學年度辦理社會教育推行全民精神建設工作成績優良殊堪嘉許特頒獎狀以資激勵

此狀

廳長林清江

中華民國七十五年七月廿五日

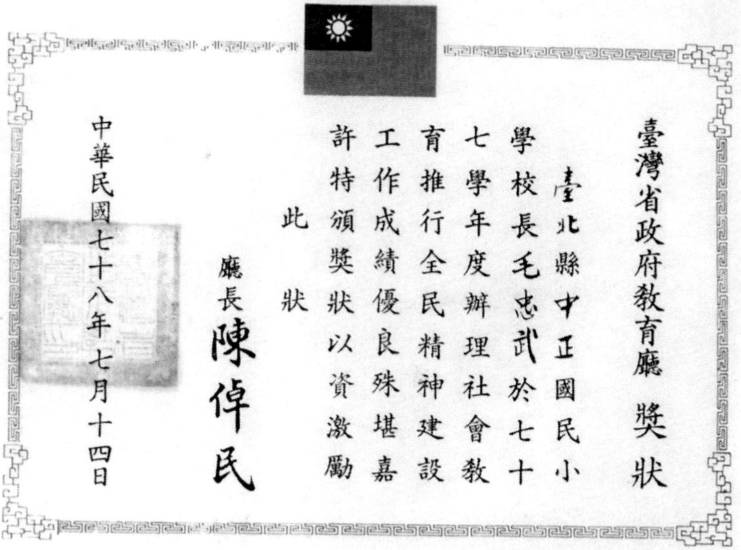

臺灣省政府教育廳 獎狀

臺北縣中正國民小學校長毛忠武於七十七學年度辦理社會教育推行全民精神建設工作成績優良殊堪嘉許特頒獎狀以資激勵

此狀

廳長陳倬民

中華民國七十八年七月十四日

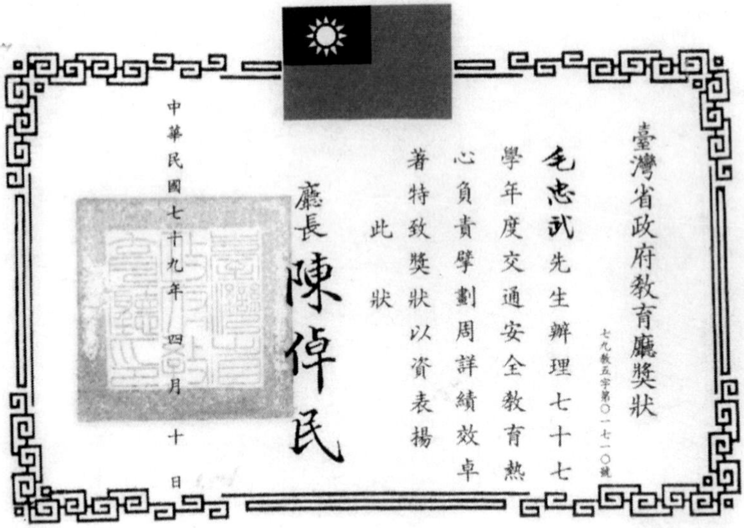

臺灣省政府教育廳獎狀

七九教五字第〇一七一〇號

毛忠武先生辦理七十七學年度交通安全教育熱心負責擘劃周詳績效卓著特致獎狀以資表揚

此狀

廳長 陳倬民

中華民國七十九年四月十日

臺北縣人民團體職員當選證明書

社一字第073505號

姓名：毛忠武

籍貫：河南省臨汝市縣

出生年月日：民國廿年五月五日

團體名稱：臺北縣新店市教育會

當選職務：第叁屆理事長

有效期間：叁年(自民國七十三年三月二十三日起至民國七十六年三月二十二日止)

縣長 林豐正

中華民國七十三年五月七日

臺灣省政府教育廳獎狀

臺北縣中正國民小學
校長毛忠武於七十四
學年度辦理社會教育
推行全民精神建設工
作成績優良殊堪嘉許
特頒獎狀以資激勵

此狀

廳長 林清江

中華民國七十五年七月廿五日

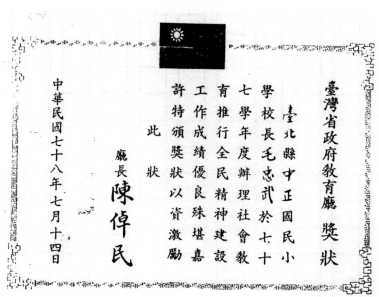

臺灣省政府教育廳 獎狀

臺北縣中正國民小
學校長毛忠武於七十
七學年度辦理社會教
育推行全民精神建設
工作成績優良殊堪嘉
許特頒獎狀以資激勵

此狀

廳長 陳倬民

中華民國七十八年七月十四日

史地傳記類　PC0138

滾滾黃河

作　　者 / 毛忠武
責任編輯 / 蔡曉雯
圖文排版 / 賴英珍
封面設計 / 陳佩蓉
封面繪圖 / 莊明中

發 行 人 / 宋政坤
法律顧問 / 毛國樑　律師
印製出版 / 秀威資訊科技股份有限公司
114台北市內湖區瑞光路76巷65號1樓
電話：+886-2-2796-3638　傳真：+886-2-2796-1377
http://www.showwe.com.tw
劃撥帳號 / 19563868　戶名：秀威資訊科技股份有限公司
讀者服務信箱：service@showwe.com.tw
展售門市 / 國家書店（松江門市）
104台北市中山區松江路209號1樓
電話：+886-2-2518-0207　傳真：+886-2-2518-0778
網路訂購 / 秀威網路書店：http://www.bodbooks.com.tw
國家網路書店：http://www.govbooks.com.tw
圖書經銷 / 紅螞蟻圖書有限公司
114台北市內湖區舊宗路二段121巷28、32號4樓
電話：+886-2-2795-3656　傳真：+886-2-2795-4100

2011年1月BOD一版
定價：440元

國家圖書館出版品預行編目

滾滾黃河 / 毛忠武著. -- 一版. -- 臺北市：秀威資訊科技, 2011.01

面； 公分. --（史地傳記類；PC0138）

ISBN 978-986-221-683-5（平裝）

1. 毛忠武 2. 回憶錄 3. 中華民國史

783.3886 99023924

讀者回函卡

感謝您購買本書，為提升服務品質，請填妥以下資料，將讀者回函卡直接寄回或傳真本公司，收到您的寶貴意見後，我們會收藏記錄及檢討，謝謝！

如您需要了解本公司最新出版書目、購書優惠或企劃活動，歡迎您上網查詢或下載相關資料：http:// www.showwe.com.tw

您購買的書名：＿＿＿＿＿＿＿＿＿＿＿＿＿＿＿＿＿＿

出生日期：＿＿＿＿年＿＿＿＿月＿＿＿＿日

學歷：□高中（含）以下　□大專　□研究所（含）以上

職業：□製造業　□金融業　□資訊業　□軍警　□傳播業　□自由業

□服務業　□公務員　□教職　□學生　□家管　□其它＿＿＿

購書地點：□網路書店　□實體書店　□書展　□郵購　□贈閱　□其他

您從何得知本書的消息？

□網路書店　□實體書店　□網路搜尋　□電子報　□書訊　□雜誌

□傳播媒體　□親友推薦　□網站推薦　□部落格　□其他＿＿＿＿

您對本書的評價：（請填代號　1.非常滿意　2.滿意　3.尚可　4.再改進）

封面設計＿＿　版面編排＿＿　內容＿＿　文／譯筆＿＿　價格＿＿

讀完書後您覺得：

□很有收穫　□有收穫　□收穫不多　□沒收穫

對我們的建議：＿＿＿＿＿＿＿＿＿＿＿＿＿＿＿＿＿＿

＿＿＿＿＿＿＿＿＿＿＿＿＿＿＿＿＿＿＿＿＿＿＿＿＿

＿＿＿＿＿＿＿＿＿＿＿＿＿＿＿＿＿＿＿＿＿＿＿＿＿

＿＿＿＿＿＿＿＿＿＿＿＿＿＿＿＿＿＿＿＿＿＿＿＿＿

請貼
郵票

11466
台北市內湖區瑞光路 76 巷 65 號 1 樓
秀威資訊科技股份有限公司 收
BOD 數位出版事業部

(請沿線對折寄回,謝謝!)

姓　　名:＿＿＿＿＿＿＿＿　年齡:＿＿＿＿　性別:□女　□男

郵遞區號:□□□□□

地　　址:＿＿＿＿＿＿＿＿＿＿＿＿＿＿＿＿

聯絡電話:(日)＿＿＿＿＿＿＿＿(夜)＿＿＿＿＿＿＿＿

E-mail:＿＿＿＿＿＿＿＿＿＿＿＿＿＿＿＿